地球の子どもたちから、
　大人たちへの手紙

Lettres ouvertes á tous les Terriens
Les enfants prennent la parole
Conception and coordination by Alain Serres
Illustration by Laurent Corvaisier
ⓒRue du monde, 2015
Japanese translation rights arranged
with Rue de monde, Voisins-le-Bretonneux, France
through Tuttle-Mori Agency, Inc., Tokyo

地球の
子どもたちから、
大人たちへの手紙

構成・編：アラン・セール

イラスト：ローラン・コルヴェジエ

六耀社

ありがとうございました。

　手紙を書いてくれた多くの子どもたちや、協力してくれた学校のみなさんに感謝します！

　本書は、編者アラン・セールがフランスのパリ北西部にあるアルジャントゥイユでおこなった小・中学生向けのライティング・ワークショップから生まれました。

　参加してくれた子どもたちには、大人たちに向けて手紙を書くにあたって自分の考えを正直に、自分の言葉で書くように伝えました。

　本書は1995年にはじめて、アルジャントゥイユで編集刊行されましたが、本書はその第3版にあたります。

　子どもたちが最初に書いた手紙が引き金となり、手紙を書く子どもがつぎつぎとふえていったのです。最初に口火を切ってくださった子どもたちと先生方には、いっそう感謝いたします。ありがとうございました。

　以下に参加していただいた学校名を記します。

ジョリオ・キュリー小学校、カルノー小学校、ジュール・ゲスド小学校、ポール・ヴァイヤン・クチュリエ小学校、ダニエル・カサノバ小学校、ジャン・ジャック・ルソー中学校（以上、アルジャントゥイユ）。
フラン・サンソン小学校（ボルドー）、
トランシエ・ギディセリ小学校（セプテム・レ・ヴァロン）、
ジャン・ジョレス小学校（モンタテール）、
デュ・ボワ・ド・ラ・ガレンヌ小学校（ヴォワザン・ル・ブルトノー）、
レピュブリック・リーヌ・ポルシェール小学校（サン・ピエール・デ・コール）、
ポール・ランジュヴァン小学校（イブリ・シュル・セーヌ）、
パルク・カリステ第1小学校（マルセイユ）、
フランソワ・パトリック小学校（プレシー・ロビンソン）、
サン・バルテレミー小学校（ニース）、
シャンタンヴィリエとマシューの公立小学校。
エメNPO中学校（サン・ジェルマン・ド・ラ・グランジュ）、
ジャン・モネ中学校（ブリ・ス・フォルジュ）。
エコール・ドュ・ノール、マプー。エコール・ドゥ・セントラル、ピエール・ポワーヴル中学校、モカ（モーリシャス）、
ポンディシェリ・フランス校（インド）、
コロンボ・フランス校（スリランカ）、
アリアンス・フランセーズ　ヴィナ・デル・マル校、ヴァルパライゾ校（チリ）、
リセ・フランセ、カイロ（エジプト）、
NPO WAO校、ロメ（トーゴ）、
フレデリコ・マイヨール校、サン・ジョゼフ・ド・クリュニー校、トンボ第1校、コナクリ（ギニア）

本書の著作権料はユニセフに寄付されます。

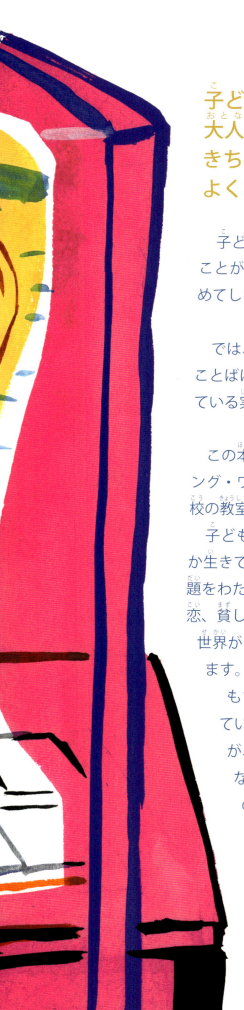

子どもたちが、なにかを話すとき、
大人たちは、聞いてはいるものの、
きちんと、耳をかたむけていないことが
よくあります。

　子どもたちは、よく、さわぎます。子どもたちが本当に話したいことがあっても、大人たちの多くは、ふざけて遊んでいると受けとめてしまいます。

　では、子どもたちが手紙を書いたら、大人たちは、子どもたちのことばにもっと、注意を向けるでしょうか？　これが、この本が試みている実験です。

　この本に集めた子どもたちの手紙は、わたしがおこなったライティング・ワークショップのなかで書かれました。ワークショップは、学校の教室や図書館、あるいはNPOのクラスでおこなわれました。
　子どもたちはまだ、学校と家庭というかぎられた日常の世界でしか生きていません。でも、かれらの手紙は、現在の世界がかかえる問題をわたしたちの眼の前に広げて見せてくれます。愛情、環境問題、恋、貧しさ、笑い、不正、連帯、怒り……　子どもたちの手紙は現在の世界がよりよい方向に向かってほしいという意思や希望を伝えています。
　もちろん、この本によって世界を変えることができるとは思っていません。しかしながら、この本を読んで、大人たちの何人かが、自分が子どもだったころに感じていた心細さや弱さを忘れない大人でいようと、そんなふうに感じてくれるとしたら、この本は、いくらかの役割りをはたせたといえるでしょう。
　そしてもし、この本を読んで、子どもたちの何人かが、自分も大人たちに手紙を書いてみたいと思ってくれたなら、この本はじゅうぶんに役立ったといえるでしょう。

アラン・セール

目次

第1章
地球はかぜをひいている

アラスカ・シシュマレフの女子小学生のきみへ 10

アラスカのセイウチくんへ 11

大自然さんへ 13
地球に生きる人びとへ 13

魚つりがすきな大人たちへ 14
海でおよぐのがすきな大人たちへ 15

ワンガリー・マータイさま 16
「木を植えた男」さんへ 17

地球の大人たちへ 18

パブロ・ピカソさんへ 20
よその国へ移民したあなたへ 20
平和な国でくらす子どもたちへ 21

まだ会ったことのないきみへ 22
住む家に困り、移民がふえることに不安をいだく
　人びとへ 22

ビタミンAさま 25
大人のみなさんへ 25

ヨーロッパと北アメリカの国々へ 26
わたしとちがうくらしをしている国の
　子どもたちへ 26
世界中の友人たちへ 27

ニュースキャスターのみなさんへ 28
読み書きができる、すべての大統領へ 29

読み書きができる子どもたちへ 31

ノーベルさまへ 32
マララさんへ 33

ナサイアくんへ 34
りっぱなくつをはいている人たちへ 35

古代遺跡がすきな人びとへ 36
シリアの古代遺跡をまもり、
　むざんに殺されたあなたへ 36

第2章
わたしは考える星です

世界中の子どもたちへ 40
まだ会ったことがない人たちへ 41

地球の子どもたちへ 42
遠いヨーロッパに住む友だちへ 42
人種差別をする心のせまい人たちへ 43

自由の女神へ 44
耳がよく聞こえる人びとへ 45
ひとりひとりちがう人間た ちへ 45

別居する親たちへ 46
ぼくがほこりに思っていることへの手紙 47
暴力をふるうすべての親たちへ 49
読み書きができない大人たちへ 50
海にいるパパへ 50
これから生まれてくるかもしれない赤ちゃんへ 51
生まれてきてほしかった、ぼくのふたごの弟へ 51
息を引き取ったばかりのおじいちゃんへ 52
生まれてくる赤ちゃんへ 53
教育大臣へ 55
ぼくのランドセルくんへ 55
サッカーが苦手なきみへ 56
サッカークラブのコーチへ 56
小学校の担任の先生へ 57
犬をかっているみなさんへ 58
仕事をさがしてるのに、なかなか見つからない
　　おばさんへ 60
工場のけむりがきらいなぼくの友だちへ 61
はたらくお父さんやお母さんへ 61
家を差しおさえにくる人たちへ 62
お金さんへ 63
お金たちへ 63

第3章
笑う、生きる、夢をみる

ぼくの美しいアナベルへ 66
愛のキューピッドさんへ 67
恋人たちへ 67
わたしのバイオリンへ 69
こんにちは、クラシックバレエさん 69

本がだいすきな子どもたちへ 69
コマーシャルをつくる大人たちへ 70
ぼくのだいすきなハンバーガーくんへ 71
そうだと思いこんでいる人たちへ 72
星の王子さまへ 72
見知らぬ人へ。すきなことを書きます。 73
子どもをもつすべての親たちへ 74
アンディーブへ 75
テレビゲームのヒロイン、マリオ姫へ 76
テレビゲームを発明してくれた大人たちへ 76
コンソールをはなさないプレーヤーくんへ 77
宇宙の犬ライカちゃんへ 78
わたしの犬オスロへ 78
うちの庭にウンコをする犬たちへ 79
毛皮のコートを着ているご婦人たちへ 81
わたしのぬいぐるみたちへ 81
すぐに暴力をふるうあなたたちへ 82
学者や研究者のみなさんへのおねがい 83
あんたは落ち着きがないっていう、ママへ 83
ガンを研究する先生へ 84
太陽光飛行機ソーラー・インパルス2号へ 85
発明家のかたたちへ 85
ぼくの犬のようにやさしくなった
　　未来の人間たちへ 86
長い人類の歴史を生きてきた人たちへ 86
未来へ 86

第1章
地球はかぜをひいている

「トラックは二酸化炭素（CO_2）を
たくさん出すでしょ。北極のシロクマが
くしゃみしてるよって、いつもパパに
いうんだけど……。でも、
パパは笑ってるだけなんだよ……」

ロザ（フランス）

アラスカ・シシュマレフ[1]の女子小学生のきみへ

こんにちは。

　アラスカの、きみが住む村の写真を見ました。波にさらわれて、ひっくり返り、バラバラにこわれた家がたくさん写っていました。氷河がとけて海面が高くなり、シケや氷食[2]によって、きみたちの島は少しずつ海に沈みはじめているのですね。堤防はあるけれど、いつか海に沈んでしまうかもしれないんだって……。いま、きみは小学校に通っているけど、いったいいつまで通えるのですか？

　ぜったいに移住するのはいやだっていっているおばあさんもいるみたいですね。シシュマレフの人びとは、みんな不安でしょう。おばあさんは、そんな考えを変えなければいけないのかなぁ。

　ぼくが地球の王様だったら、「地球温暖化よ、いますぐ、とまれ！」って命令を出してあげるのに。……残念です。

ユゴー、マエリス、クラスのみんな
（フランス）

1　アラスカ西部の島。地球温暖化の影響をもっとも強く受け、島民は移住を決めている。
2　氷河によって地面がけずられること。

アラスカのセイウチくんへ

　セイウチくん、温暖化で氷山がとけて、北極圏では3度も気温が上がったそうですね。氷がとけて割れると、セイウチくんたちは行き場をなくしてしまいますね。水面が上がって海が少しずつ深くなっていき、エサをとることもできなくなるのですか。セイウチくんたちのエサは遠浅の海にいる生きものだから海が深くなるとエサがいなくなってしまうのですね。

　せまくなった浜辺では、3万頭も群れをつくってくらすことになるんですって……。ギュウギュウすぎて、ケンカになったり、かみ合いになったり、病気にもかかってしまうでしょう。ひどいことになりましたね。

　ぼくの家には冷凍庫があるから、そこにホームステイさせてあげたいけれど、せますぎてダメです。

　人間がくらしを変えればうまくいくはずです。石油やプラスチックをへらしたり、ゴミを分別したり、くらしの習慣を変えたりすれば、セイウチくんたちも、また、狩りができるようになると思います。

　ぼくたちは、みんなが無事に大きくなって、いつか気立てのいいセイウチちゃんと結婚して、生まれた子どもといっしょに氷の国でしあわせにくらしてほしいのです……。

マルクとクラスのみんな（フランス）

「環境汚染くん、
もっとリサイクルして、もっと汚染を
少なくしようよ、ね！」

ゾエ（フランス）

11

大自然さんへ

　大自然さん。ぼくたちは自然のめぐみをいただきながら生きているんですよね。ママが愛情いっぱいに、ぼくを育ててくれるように……。酸素をつくってくれるのも自然だし、自然の水があるから、ルージョルっていうんですけど、わたしの金魚も生きていけるんですよね。

　夏はホタルが青白い光をはなち、冬はストーブが寒さをやわらげてくれる。植物がはえて草食動物がそれを食べ、肉食動物が草食動物を食べる。その肉食動物はほかの動物に食べられて、また命をつなぎます。

　自然はぼくたちに親切です。ときにおそう地震とか、アマゾンのジャングルに分け入る人びとにとっては大変ですけど、ふだんはとても美しいですね。ぼくは広大な大海原がだいすきです。モンモランシー[3]の森で出会ったつがいのシカと子ジカもすきだし、ルシュベル[4]の白いモミの木もすきです。

　まるで、こっちを見ているようにぼくたちのほうに顔を向けて咲くひまわりの花もだいすきです。自然が人間をたいせつにしてくれるように、人間も自然をたいせつにしないといけないと思います。

　自然よ！　ぼくたちの言葉に耳をかたむけてくれてありがとう。ぼくたちをこの世界に生んでくれてありがとう。

クレマン、オレリー、ニコラ、クリストフ（フランス）

地球に生きる人びとへ

こんにちは！

　ぼくはヨットの上で生まれ育ち、海を旅してきました。でもその生活も、5年前に大きく変わりました。みんなと同じように、土の上に建つ本物の家に住むようになったんです。そしてわかったこと、それは、地上の生活はきびしく、平和にはほど遠いということです。陸の世界は、暴力とにくしみと終わりのない戦争にあけくれていました。

　両親が、ぼくに陸地からはなれたくらしをさせたいと願ったわけがよくわかります。きっとぼくをまもりたかったんだと思います。

　イルカやクジラ、サメなど、さまざまな海の野生動物に囲まれてくらすよろこび、愛、友情、そして平和にくらすことのすばらしさを教えたかったのです。野生動物というけれど、動物たちはおたがいを尊重しあってうまく生きています。

　野蛮なのは人間のほうです。人間が動物たちの巣や環境を破かいしているんです。

アレクサンドラ（スリランカ）

3　パリの北15キロメートルにある自然豊かな高級住宅地。
4　フランス南東部のアルプスにあるウインタースポーツの高級リゾート地。

魚つりがすきな大人たちへ

ミシェルおじさんのことです。おじさんは魚つりがすきです。そんなにしょっちゅうじゃないですけど、つった魚を家に持ち帰ってきます。でも、おばさんはそれをいやがっています。

去年、わたしの小学校の先生は、やたらと狩りや魚つりをするのは、あまりよいことじゃないんだっていっていました。なぜなら、ぜつめつしかけている魚がいるからだそうです。近い将来、3分の1の種類の動物たちが地上から消えてしまうほど、深刻な問題になっているのだと教えてくれました。

おじさんは、ぼくには「クジラやイルカみたいな魚をつってるわけじゃないんだよ。自然を愛しているだけさ」っていいます。おばさんには「きれいな空気も、夕暮れの太陽も、静けさもたいせつに思ってるよ」って答えます。でも、「じゃ、どうして魚をつって持って帰るの？」って聞くと、クジラのように大笑いして何も答えてくれません。

しかし、そんなおじさんも魚は水のなかにいてこそ美しい、そう思っているんです。だからか、最近は魚をつり上げても川に帰してあげるようになりました。

つりがすきな大人のみなさん、おねがいだから、どうかぼくのおじさんを見ならってくださいね。

ピエロ（フランス）

「もしも、ぼくが魚だったら、
あげたての魚のフライになりたい。
そしたら客船とかペットボトルに
なやまされずにすむもの。
それになんたってホッカホカで
おいしいよ」

レオン（フランス）

海でおよぐのがすきな大人たちへ

　いまから10年前、モーリシャス[5]のサンゴ礁には数千種の動物や植物が住みついて、最高のかくれ家になっていました。サンゴがつくる環もとてもきれいでした。

　いまはホテルがたくさん建てられてサンゴを破かいしたり、通る船が海をよごして、サンゴを傷つけています。船のモーターがサンゴ礁をこわし、漁師はサンゴをふみつぶしています。

　沿岸沿いのこのあたりは海の自然公園なのに、自分たちがどれだけ被害をあたえているのか、だれも自覚していないんです。魚がだんだんとれなくなって、いまでは漁師たちまでなげいています。

　政府は本当の原因を見きわめようとせず、いまもホテルの新築許可をどんどん出しています。

　こんなことがつづいたら、モーリシャス人は自分たちの島なのにビーチにおよぎに行けなくなってしまいます。だってホテルはどんどんプライベートビーチをつくってしまうから、住民が近寄ることができないんです……。

タスニーム、ニコル（モーリシャス）

5　モーリシャス共和国。アフリカの西、インド洋上にある島国でイギリス連邦加盟国。

「だいすきなオレンジくん！　きみは世界一すばらしい果物だ。食べていれば病気にかからないし、かかっても、すぐになおっちゃうんだ」

ラシド（モロッコ）

ワンガリー・マータイさま

はじめまして。

　マータイさん、あなたはアフリカに3000万本もの木を植えたことで、ノーベル平和賞を受賞されたのでしたね。
　その一方で、木を切りたおして、森林にビルを建てる人がいるし、まだ幼い子どものような若木をすぐに切って売ってしまう人もいるんです。1本の木として育つには長い時間がかかるのに……。
　マータイさんがノーベル平和賞を受賞したのは、アフリカの人間と木々を共存させることに成功したからだそうですね。そもそも、人と木がいがみ合うなんてバカらしいことです。だって木は人間に酸素をあたえてくれるし、人も山火事が起きたり、潅木がおいしげったら、森を救ってあげることができるんですから……。
　人間と木々がなかよくすることに賛成、バンザイ！……です。マータイさんのように、口だけでなく、実際に役立つことをしている人にも、バンザーイ！
　マータイさん、あなたはもうなくなってしまわれたけれど、3000万本の木はいまも成長しつづけています。鳥たちも、ぼくたちも、心から感謝しています。

ボリス、バラック（フランス）

「木を植えた男」さんへ

エルゼアール・ブフィエさん

あなたはテレビで知られているような有名人じゃないですけれど、わたしたち、子どもはぜったいに知っておかなければならない人だと思っています。あなたは、自然を再生させ、何千人もの人を幸せにしてくれた人だからです。

おだやかで、あたたかいブフィエさんは、ひとりでいるのがだいすきだそうですね。あなたが住んでいた南フランスのシストロン6とミラボー7のあいだの場所を、わたしたちは、学校の教室の地図で確めました。ジャン・ジオノ8という有名な作家が、そのあたりを旅して、かわいた石ころだらけの山のなかでブフィエさんに出会ったんでしたよね。

あなたは羊かいで、何年も何年も根気よく木を植えつづけました。ナラやブナの木を何千本も草一本はえない土地に植えていった。いつかそこに人がたくさん住めるようになるなんて、だれも思ってもいなかったことでしょう。木を植える場所までの道のりは75歳のあなたには遠かったことでしょう。だから、すぐそばに石でできた掘立て小屋までつくったのですね。あなたは、なんてすばらしい人なんでしょうか。

「なんの機械も使わずに、この男の2本のうでとたましいからすべてが生まれた。それを思うとき、人間は破かいとは別の領域でも神と同じくらい有能なことがわかる」。わたしたちは、この文章がだいすきで何度も読み返してることを、前々からジャン・ジオノさんに伝えたいと思っていました。

わたしたちは大きくなっても、森をつくれないでしょうが、たとえば、ホームレスの家族がとまれる無料の宿とか、アルジャントゥイユ9に公園をつくるとか、なにか大事なものをつくれる人になりたいなと希望をいだいています。

ブフィエさん、本当に自然を生き返らせてくれてありがとう。

ファティマ、アンジェリック、
ジャン-バティスト、リンダ（フランス）

6　フランス南東部にあるアルプスとコートダジュールの境い目にある町。
7　シストロンよりやや南にあり、マルセイユの北に位置する町。
8　フランス、プロヴァンス地方出身の作家。1895年-1970年。『木を植えた男』は、実際はフィクションであることを作者のジオノ自身が告白している。
9　フランスのパリの北西、セーヌ川の右岸にある町。

地球の大人たちへ

これは地球からのメッセージです。
わたしたちは、この惑星を救いたいんです。もうだまってはいられません。
だからこの手紙を書くことにしました。

道路にあふれる自動車はもういりません！
自動車をやめて、みんなで自転車を使いませんか！
バイクにも、さよならです！　かわりに自転車に乗りましょう！
大人のみなさんは、ぜひぜひ、
交通や輸送問題に真剣に取り組んでください！
もっと公共の交通手段を使おうではありませんか……
トラック輸送も、できるだけやめませんか！
必要なものは地元でつくって、地元で消費するようにできませんか！
汚染物質は、もう出さないようにしましょう！
オーガニックの畑をふやしましょう！
タバコできれいな空気をよごしていませんか！
わたしたちは緑がほしいんです！
もう、公害をストップしなければいけません！
みんなの想像力をはたらかせて自然をまもりましょう……
地球にはいま、たくさんの危険がせまっていることを、
もっと意識しましょう。
よく考えて、すぐに行動にうつすときです。
みんなが、ついえてしまわないうちに。

よいことには終わりがあるっていうけれど……
自分たちの運命を決めるのは地球に住むわたしたち、人間たちなんです。

エリオット、ケリアン、リュカ、ロマン、
リュカス、グザビエ-マリ、イビ、ディラン（フランス）

「各国の大統領が集まって温暖化について話し合うとき、飛行機に乗って集まるので、CO_2 がたくさん出ちゃう。でも本当に必要なときは仕方がないよね！」

ナビル（フランス）

パブロ・ピカソさんへ

　パブロさま、あなたの絵のなかで、わたしがいちばんすきなのは、色合いをおさえて戦争を描いた『ゲルニカ』です。
　パブロさんはスペイン人ですよね。わたしの母もおなじスペイン人なんですよ。わたしたちの7組の生徒は、みんなあなたの絵がだいすきです。さようなら。

　　　　サラ、ファティマ（フランス）

よその国へ移民したあなたへ

こんにちは。

　あなたのように移民した子どもたちは、おもちゃも、服も、ときには家族さえすてなきゃいけないこともあるって知りました。
　つらすぎます。そんなのぜったいいやです。
　わたしは夜、いつもベッドで、あなたのことを神さまにおいのりしています。あなたがいる場所に爆弾が落ちないようにまもってくださいって……。
　わたしが大統領だったら、あなたと家族のために、国をひとつつくってあげたいです。そして、あなたが困っているときは、かけつけてあげたいな……。

　　　　シャルロット（フランス）

「親も、子も、赤ちゃんまで殺すなんて、ひどすぎる。わたしの家族にはぜったいにそんなことがおこりませんように。」

イザボー（フランス）

「6歳のとき、オラドゥール・シュル・グラヌ[10]に行きました。数十けんの家が1944年当時に破かいされたままになっていました。当時の状態のまま町が保存されているのはありがたいことです。子どもたちも戦争の本当の姿を知ることができるからです。この町のことはけっして忘れないし、ぜったいに兵士にはなりたくありません」

セブリーヌ（フランス）

平和な国でくらす子どもたちへ

わたしたちの国ギニア[11]はまずしいけれど、おもてなしの心にあふれた国です。見ず知らずの旅人も、外国人も、ここにくればいつでもあたたかく出迎えてもらえます。わたしたちの夢は争いが終わることです。戦争は悪いことだし、もうたくさん。食べるものさえなくなってしまうんですから……。

子どもたちひとりひとりが考えや意見を出して、自分たちの国をつくらなければいけないと思います。未来の都市や村をつくるのは、わたしたちのアイディアしだいなんです。

世界中の子どもたちみんなで、都市や村を明るくしていきませんか。

みなさんの家族にもよろしく。

　　　　　ユースフ、ファトゥマタ・マリアム、マドレーヌ、アイサタ、クラスのみんな（ギニア）

---

10 フランス中東部にある村。1944年、ドイツに支配され、ナチスにより村民が大量に殺された。
11 ギニア共和国。西アフリカ西端に位置する。1958年フランスから独立。

まだ 会ったことの ない きみへ

まずしさからぬけ出そうとしているきみ、

戦争からのがれて祖国をはなれ、よりよい生活を夢見るきみ、

砂漠をこえ、あらしをくぐり、海をわたり、山をこえ、国境をこえて亡命しようとしているきみ、

飢えとのどのかわきにたえ、寒さをしのぎ、くる日もくる日も受け入れてくれる国をさがして旅をつづけるきみ、

ふつうのくらしを求めて、ぼくたちをたよりにしてくるきみ、

どこにも受け入れてもらえない君、

ぼくたちの国に、ようこそ！

　ぼくの名前はハインドです。まだ会ったことのない君に洋服をプレゼントしたいと思います。フリースとＴシャツもあげます。色も何色かあるし、あったかいんですよ。冬の寒さに負けないように、厚手の靴下もプレゼントしますね。

　ぼくはリュカです。きみの両親の仕事さがしを手伝いたいです。物をつくれる人が必要なんです。たとえば、学校のグランドにバスケットボールのボードをつくってくれませんか。小学１年のときからずっとほしいって思いつづけています。

　わたしはフロールです。みんなに、お菓子のつくり方を教えてあげたいと思います。みんなのすきな味のお菓子をつくってあげたいですね。イチゴやベリー、わたしは、チョコレート味とかいろいろできるんですよ。

　わたしたちの教室にあなたの机とイスを入れようと思います。そして、いっしょに勉強もしましょうね。

　　　　　　　　　　　　　　　　　ハインド、リュカ、フロール（フランス）

「もし、わたしがスーパーヒーローだったら、しずみかけている船を引き上げて、みんなを岸につれてってあげるわ」

アリシア（フランス）

「ハンガリーには移民を受け入れるテントがありません。壁をきずいて警官を見はりにつけるのはどうしてなんでしょうか？」

ニコラ（フランス）

住む家に困り、移民がふえることに不安をいだく人びとへ

こんにちは、みなさん

　きのうまでのぼくは、フランスは移民をあまり受け入れてはいけないって考えていました。ぼくの家もせまくて引っこしたいけど、なかなか順番がまわってきません。きっと、移民のみなさんに家がまわされるからだと思っていました。

　ママに話したら、うちの家族もアルジェリアからやってきて、第２次大戦後のフランスの復興の手助けをしたっていうんです。そのあともフランスに残って、ぼくら子どもを育ててきたんだって……。

　もう、移民は国に帰れなんて、ぼくはいいません。だって、ぼくたちはみんな移民なんだからね……。

　　　　　　　　　　　　　　　　　　　　　　　　　　ルーブナ（フランス）

ビタミンAさま

はじめて、お手紙を書きます。

　ビタミンAをふくんでいる食品をちゃんと食べないと、眼球乾燥症という重い病気にかかります。目がかわいて見えなくなってしまう病気なんです。ユニセフ[12]の本を読んで、はじめて知りました。まずしい国々では毎年10万人もの子どもたちがこの病気で視力を失っているそうです。

　それなのに、ぼくたちはバターのような、ビタミンAが豊富な食べ物を毎日たっぷり食べることができるんです。年間15サンチーム[13]あれば、1日に必要なビタミンAの錠剤が買えるって聞きました。

　なんて不公平な世の中なんでしょう。ぼくたちにとって15サンチームは、ほんのわずかなお金なのに……。夜ときどき考えこんでしまうんです。

　　　　　ギヨーム、セバスチャン（フランス）

大人の　みなさんへ

　この地球では4秒ごとにひとりの子どもが、食べ物がなくて飢え死にしているそうです。

　わたしたち人間に必要なもの、収穫した食べ物などは、どうして平等に分かちあうことができないのでしょうか？

　世界中の大人のみなさん。すべての人々にいきわたるようにしてほしいです。

　　　　　サンドリーヌ（フランス）

12　国際連合児童基金。1946年設立。子どもたちの命とすこやかな成長のための活動。
13　加盟国の通貨ユーロの100分の1のお金。

わたしとちがうくらしをしている国の子どもたちへ

ヨーロッパと北アメリカの国々へ

　どうして北半球の国は南半球の国を、どんどん開発しようとするのですか？

　お金もうけのためですか。

　ぼくの母国チリには、必要な資源がたくさんあります。たとえばコインをつくるための銅を輸出しているし、トウモロコシだって輸出しています。それに、いろんな種類の金属や宝石、コーヒーとかさとうだってそうです。北半球の国だけでは、これらの産物がじゅうぶんとれないからといって、南の国をどんどん開発しています。

　それなのに、北半球の国は資源が足りないのにお金持ち、南半球の国は資源がたくさんあるのに貧乏。どうしてなのでしょうか？

　　　　　　　　　パブロ（チリ共和国）

　世界には、いろんな環境でくらす子どもたちがいます。お金持ちの親をもつ子もいるし、親がまずしい子もいます。どうしてこんなにちがうんですか？　どんなふうにすれば世の中を変えていけますか？

　わたしの家はまずしくて、毎朝5キロの道を歩いて学校に通います。朝早く起きて、食べるのはトウモロコシのおかゆだけです。クラスのなかには、りっぱな身なりの運転手つきの車で学校にくる友だちもいて、休み時間に食べるおやつまで持ってきます。そのあいだ、わたしはすみっこにかくれているんです。

　12時に学校が終わると、わたしはいそいで家に帰り、家事の手伝いです。夜は、家族といっしょに、いろりの火をかこんだり、月あかりのもとで歌ったり、おどったりして過ごします。木曜日は沼に行って鳥をつかまえたりするんですよ。

　　　　　　　　マフェラン（ギニア共和国）

世界中の友人たちへ

こんにちは。

わたしの名前はムベルワです。もうすぐ12歳になる女の子で、チャド[14]の首都ンジャメナに住んでいます。家族は、お父さん、義理のお母さん、弟たち、妹たちです。わたしは6人きょうだいの上から3番目で、お姉ちゃん、お兄ちゃん、わたし、そして下に弟が3人います。

わたしをうんでくれたお母さんはもうなくなりましたが、生きていたころは産婆さんでした。お父さんは小学校の先生です。

ンジャメナに引っこしてくる前は、南のクムラという町に住んでいました。くらしはゆったりしていて、まわりも親切な人ばかりでした。

うちにはいつもたくさんの人が集まっていました。お父さんとお母さんの親せきたちが会いにくるんです。アフリカの国はどこもそうですが、親せきどうし、とてもなかがいいんです。チャドの家はポト・ポトという赤土でつくられ、屋根はブリキか土でできています。

50年後、100年後のチャドはどうなっているのかなぁ？　石油はまだあるのでしょうか、そのころにはなくなっていないでしょうか？

チャドの石油の採掘ははじまったばかりです。石油があれば国は発展するのでしょうか。いままでなかった道路がつくられ、黒板やチョーク、それに本もそろったりっぱな学校が建てられるかもしれません。

暑い国ですけど、50年とか100年後にはすずしい風がふいて、マラリアを感染させる蚊を追いはらってくれるかもしれません。アフリカ中の蚊がチャド湖[15]かシャリ川[16]でおぼれ死んでくれたら、すずしい風はサッカーの世界チャンピオンに負けないくらい人気者になるでしょう。

すずしい風が、乾燥して気温が低い季節にもふいてくれないでしょうか。ほこりをたくさん巻き上げて、木々をゆらし、育ててくれるといいですね。そして、木は森になって、カメルーン[17]とチャドの南にあるティベスティの砂漠[18]にまで広がって、豊かな森林に育ってくれるといいですね。こんなことを、100年後の、いまのわたしとおなじ年の子どもたちが学校で学べるとすてきだなぁ……。

それから世界中の子どもたちがいつでも自由にコミュニケーションできるようになってほしいと思います。世界中の友だち、子どもたちみんなに、わたしのキスをおくります。

ムベルワ（チャド共和国）

14　アフリカ中部に位置する共和国。1960年フランスから独立。気候は雨季と乾季がある。
15　アフリカ中央部にある湖。温暖化で干上がり、急速に縮小している。
16　アフリカ中央部を流れる全長949キロメートルの川。チャドの人口の多くが、この流域に集中して住んでいる。
17　アフリカ中部に位置する共和国。1960年フランスから独立。
18　サハラ砂漠の一部となっている岩山の山岳地帯。

読む

ニュースキャスターの　みなさんへ

　世界には学校に行けない女の子たちがたくさんいるそうですね。国連ではたらいているリンダのお父さんが、先週そう教えてくれました。
　女の子は家にいて年下のきょうだいの世話をしていればいい、女の子の教育に高いお金をかけることはない。そう思っている親たちが少なくないんですね。
　ジャーナリストの人たちは、どうしてテレビのニュースでそのことを報道しないんでしょうか？　天気予報とか、東京やロンドンの株が上がったとか下がったとかのニュースは毎日つたえていますが、学校に行けない女の子たちの教育問題はとても大切なことなのに話題にしないのはどうしてですか？　これはニュースに取り上げる、これは取り上げないって、だれが指示をだしているんですか？
　わたしは大きくなったらジャーナリストになりたいとおもっています。自分でいろいろな国に行って、そこで起こっていることを正しく伝えたい……。そのころにはもう、世界中の女の子たちは、日本のわたしたちのように学校に行けるようになっているかもしれません。それでも、そのことを、わたしはニュースとして取り上げたいと思います。

のりこ　（日本）

歌う

読み書きができる、すべての大統領へ

はじめて、みなさんに手紙を書きます。

　大統領のみなさん、世界中のすべての子どもたちを学校に行けるようにしてください。学校に通えれば、子どもたちは、みんなでいっしょに勉強することができますね。どんな職業にだってつくことができます。たとえば大工さんになって、いつか学校の教室をつくってくれるかもしれません。

　本で読みましたが、世界には読み書きができない人が8億7000万人もいて、学校に一度も通ったことがない子どもが1億6500万人もいるそうです。読み書きができれば、大きくなったとき、世界で何が起こっているのかがわかります。刑務所に入っている人たちに手紙で世の中のようすを伝え、元気づけることもできます。

　ぼくは数を数え、計算することができます。小型の日時計や磁石もつくったことがあるんですよ。だから、道にまよっても、正しい方角を探すことができるし、家に帰ってベッドに入らなきゃいけない時間もわかります。

　大統領閣下、原子力兵器に使うお金の一部があれば、世界中にどんな大きさの学校でも建てることができます。ぜひ、よろしくおねがいします。

ジョアン（フランス）

29

読み書きができる子どもたちへ

　わたしはアマヴィです。13歳の女の子です。学校には行っていません。トーゴ[19]の首都のロメで、もともと知らなかった人の家のお手伝いとして住みこみではたらいています。両親は遠くはなれた田舎の村でくらしています。

　わたしも、みんなとおなじように読み書きができるようになりたいと思っています。

　ご主人にはナデージュという小学3年生のおじょうさんがいて、学校から帰ってくると習ったことをわたしに教えてくれます。でも、毎日とはいきません。だって、おくさまに見つかるとたいへんです！

　この役立たず！　おまえを学校に行かせるためにやとってるんじゃないんだよ、はたらいて親を助けるためにここにいるんだろ、うちの娘はお前の先生じゃないんだよ。そうだろ……」と、ひどくおこられたり、どなられたりするのです。だからナデージュはこっそりかくれて、おくさまが出かけているときに教えてくれるんです。

　父と母がどうしてわたしを学校に入れてくれないのかよくわかりません。わたしは親といっしょの村に住んで、家から学校に通いたいんです。どなりつけてばかりいるよその人の家に住むのはいやでたまりません。この手紙は、NPO（WAO-アフリカ）職員の人が手助けしてくれて書くことができました。

「学校に行くのがいやになって、ふくれつらをするのは、かしこくないよ。自由への道のりなんだって。フランス語の先生がそういってたよ。でも、学校にいると、あまり自由だって思わないけどね」

カール（フランス）

19　西アフリカに位置する共和国。1960年にフランスから独立。

ノーベルさまへ

親愛なるアルフレッドさま、

ぼくはノーベル人類学賞を人間にあたえたいと思います。
人間は自然をよごす自動車を発明したけれど、
火、道具、歯みがき、それに学校やチョークも発明したからです。

ぼくはノーベル自転車賞を、ぼく自身にあげたいです。
コーチたちのおかげで、とてもじょうずに
競技用の自転車を乗りこなせるようになったからです。

ぼくはノーベル最優秀事業賞をアップル社におくります。
会社は7350億ドルもかせぐ能力があるし、
ぼくの家族は「アップルマニア」だからです。

ぼくはノーベル・グルメ賞をローストチキンのポテトぞえにあげます。

ぼくは、ノーベル・ユーモア賞をトトにあたえます。
うちのおじいちゃんでもトトのジョークを知ってるからです。

ぼくはノーベル最優秀レシピ賞を
スパゲッティ・ルブロション[20]におくります。
ぼくはサボワ地方の出身で、サボワ料理といえばこれだからです。

ぼくは、ノーベルおふざけ賞をクレマンにあげます。
休み時間に、ぼくに栗のイガを投げつけて、すごく痛かったからです。

ぼくはノーベルだいきらい賞をディーゼルエンジンにあたえます。
空気をよごすうえに、ひどいにおいがするからです。

ぼくはノーベル美人賞をママにおくります。
お化粧していないときもとてもきれいだからです。

クリストフ、シャルロット、ティモテ、イマン、
ユーグ・オリヴィエ、トマ、クレマン、マルク（フランス）

20　フランスの中西部の山岳地帯サボワ地方の名物チーズ。牛の乳からつくる。

マララ[21]さんへ

はじめまして。

　マララさん。あなたが女子のためにしたことは本当に勇気がいることです。ノーベル賞をもらったのは当然です。そんなあなたをねらった銃撃事件があり、病院で手当てを受けていると聞きました。事件がおきたのは、あなたが、祖国パキスタンで女子が学校に行けるようにと運動をおこしたからだそうですね。

　わたしはあなたを心から尊敬しています。大きくなったら、わたしもあなたのようになりたいな。女性がもつ権利をまもるのはとてもたいへんだけど、あなたは勇気をだして活動をつづけているのですね。

　あなたは、わたしたちにとって、よいお手本です。もしかすると来年、ふたつ目のノーベル賞を受賞されるのではないかしら……。

　どうか、ロンドンでのくらしがつらくありませんように。自分の国から遠くはなれて生きるのは、たやすいことではありませんよね。これからの幸運をおいのりします。

　この手紙を読む人たちへ。マララさんのようにがんばりましょう。女性の地位を高めていきましょう。戦いをつづけていきましょう！

マイリス（フランス）

---

21 マララ・ユスフザイ。2014年ノーベル平和賞を受賞した人権運動家。

ナサイアくんへ

　この本のなかでナサイア君のことを紹介することにしました。きみの生と死について、みんなに知ってほしいと思うからです。

　ぼくがまだ、祖国のパキスタンにいたときのことです。ラーワルピンディー[22]にあったぼくの家の前に、大家族が住んでいて、ぼくは、ナサイアくんと友だちになりましたね。ナサイアくんはぼくとおなじ歳で6歳。両親、姉妹7人、ナサイアくん、2歳の弟の11人家族でした。両親ははたらかれていて、4人の姉妹はじゅうたんを織り、きみもレンガ工場で朝6時からはたらきに出ていたよね。

　ある日の夕方、工場からもどると、弟がとても具合が悪そうにしていることに気がついたきみは、弟を医者にみてもらったあと、父親から、ためてあった20ルピーを持って薬を買いにいくようにいわれたのでした……。薬屋には行ったけど、お金が足りない。そこで、きみは町にものごいをしにいった。そこで男たちにゆうかいされてしまったのでした。

　両親は身代金を要求されたけど、とてもはらえないから、警察にそうさくをおねがいしたのでしたが、ひどいことに、その警官もお金を要求したうえに、たいしたことはしてくれなかったのでしたね。

　5か月後、ナサイアくんの遺体が運河の近くで発見されました。

　ナサイアくん。この事件でわかったことは、その5か月間、ゆうかい犯にお金をやるために、きみがものごいをやらされていたことでした……。

　世界ではこんなひどい目にあっている子どもがたくさんいるんです。なんとかしなければ、いけないでしょう。

タビブ、フィリップ、
ノルディヌ、ロマン（フランス）

22　パキスタン北部の都市。人口は300万人をこえる。

りっぱなくつを
はいている
人たちへ

　ぼくは13歳。トーゴのチェビエーという町にあるおじさんの店ではたらいています。いつか独立して、いろいろな国のくつをあつかう店を持ちたいです。おじさんのように、自分の仕事をもって、お金をかせぎたいのです。

　いまのぼくに、おこづかいはほとんどありません。朝ごはんを食べるお金もないことが多いんです。1日10時間、仕事がないとき以外は、昼食を食べる時間もなくぶっとうしではたらいています。

　でも、ぼくはボール遊びもだいすきだし、ほかの国の人たちとお話しして、知ってることとか、いろいろな考えを交わしあうのもすきです。

コムラン（トーゴ）

古代遺跡が
すきな人びとへ

こんにちは。

ぼくのパパはエジプトの考古学者[23]です。遺跡に行くパパについていき、ぼくも発掘に参加することもあります。一度、サッカラ遺跡[24]に行きました。そこにはピラミッドがあって、なんとそこで、ぼくはおそなえ物をのせるテーブルと壁のかけらを発掘したんですよ。もちろん考古学者の人に渡しましたが……。

最初にミイラを見たときは、あまりにもきたなくてぞっとしました。ミイラが静かに休めるように眠りをじゃましないように、そっとしてあげたほうがいいって思いました。

でも、ミイラの眠りをじゃまするのは考古学者だけじゃないんです！ 石で壁に落書きする旅行者たちもいれば、墓のなかを荒らすどろぼうたちもいます。なかの遺物がとても高く売れるからです。

ぼくは、だから、墓を閉めて、二度と開けないようにしたほうがいいと思います。しかし、みんなが過去の世界を知ることができなくなるので、どこかに本物そっくりのレプリカをつくって、みんなに見てもらうようにすればいいと思います。

フレデリック（エジプト）

「ぼくは人類の歴史がはじまる前の時代からある洞窟を見たことがあるんです。
その時代に、もう博物館になっていて、たくさんの人が見にきていたのかな。」
マノ（フランス）

シリアの古代遺跡をまもり、むざんに殺されたあなたへ

パルミラ[25]という町に住んでいたハレド・アル・アサドさんは、とても美しい古代遺跡の責任者でしたよね。円柱が立ちならぶ、世界でも類をみないお寺の遺跡でした。でも、82歳のときにイスラム過激派の戦闘員に殺されてしまいました。大昔そこに住んでいた人たちの宗教がまつられていて、イスラムの遺跡ではなかったからです。先祖や年長者をうやまわないなんて、理解できません。とりわけアサドさんは偉大な専門家でした。破かいされたお寺のひとつは2000年以上も前の古代のお寺で、世界にたったひとつしか存在しない貴重なものでした。それなのに、そのお寺さえもこわされたんです。

強い神さまがいたら、ぜひ暴力をふるう人びとにこう忠告してほしいと思います！

「やめなさい！ お前たちは罪をおかしている！ ほかにもっとなすべきことがあるぞ！」。でも、安心してください。いつかきっと、パルミラの町にアサドさんをまつるお寺が建てられることでしょう。

グウェナエル（フランス）

---

23 遺跡を掘りおこして、人類の過去を研究する人。
24 エジプトの首都カイロから南に約30キロメートルのところにある古代エジプトの遺跡。
25 シリアの中央部にある古代ローマ帝国が支配していた時代の遺跡。

世界中の子どもたちへ

肌の色って、いろいろだ。
太陽系の地球という、おなじ惑星に住むわたしたち。
だからわかっている。人種差別をするなんてばかげたことだ。
みんなおなじ人間だ。みんなおなじ権利をもっている。

わたしのひいおばあさんは人間ずきです。肌の色がちがっていても、おなじ宗教を信じていなくても関係ありません。

わたしたちのクラスのハディージャは、チュニジア出身の家系ですが、パリの郊外にあるブゾンで生まれました。ディディエの両親はベトナム人で、ヴァンデ県で生まれました。ジャン・バティストは、ここ、アルジャントゥイユで生まれましたが、しばらくイラクでくらしていました。アキムは、コモロ諸島[26]出身のお父さんとマダガスカル出身のお母さんから生まれました。カミーユはフランス生まれですが、チュニジアに旅して休暇を過ごしたことがあります。

わたしたちみんなで書き上げたこの詩は、短いけれど、まるで魔法のじゅもんのようです。この詩を読むと、人を差別しようなんてぜったいに思わないでしょう。肌の色はみんな虹色をしています。宇宙、そして空の下や海のなかではみな平等です。わたしたちは大きな絵のなかのひとつの色で、小さな一輪の花なんです。

このことをしっかり心に刻みましょう。

カミーユ、ハディージャ、アキム、
セバスチャン、レインボー組（フランス）

まだ会ったことがない人たちへ

わたしの家族を紹介します。

わたしはモーリシャス島のアナベルです。

みなさんに、わたしの家族と家のくらしを紹介したいと思います。わたしの家族の出身はさまざまです。パパは中国生まれ、ママの両親はインド人とポルトガル人です。

モーリシャス共和国の人口は、3分の2がインドや中国などのアジアの出身で、ママはくらしのなかにインドとモーリシャスの文化や習慣を取り入れています。

わたしは、中国式にお祝いする家のお正月がだいすきです。パパの親類がたくさん集まって、爆竹を鳴らし、中国の伝統的なおどり「龍の舞い」をおどり、たくさんのごちそうを楽しみます。それが、わたしたち一族の結びつきを高め、なかよくくらしていくためのしきたりなのです。中秋節[27]にも一族で集まります。ここでは月餅というおいしいお菓子と中国茶がふるまわれます。

母はインドの習慣をたいせつにしています。結婚式で女の人は、玉虫色に光る、色とりどりの服で着かざります。インドの衣しょうサリーに合わせて、ジャラジャラ音をたてるブレスレットみたいな、色とりどりのアクセサリーをつけます。くるぶしにリングをつけ、足の指にも指輪をします。小鼻にもリングをつけ、額には魔よけの「ビンディ」[28]をはります。そうすれば、おばさんたちの浅黒い肌は、ますますエキゾチックになります。

ディワーリという光のフェスティバルもお祝いします。家のまわりに素焼きの小さなあかりをならべて、パパとママの一族が集まって祝うのです。スパイスをきかせた魚のカレー煮こみや野菜の酢づけ、チキンカレー、それに、パラータとよばれるいろんな種類の薄焼きパンを用意して、チャツネという野菜や果物を使ったソースをそえていただきます。

こんなふうにいくつもの文化を生活に取り入れながら、わたしたちは生活しています。出身が異なる人たちが、おたがいにとけこみながらなかよくくらすモーリシャス島のくらしは、とても幸せだと思います。

わたしの家族は、いってみれば、おいしいフルーツサラダ。素材の組み合わせも味つけもとてもユニークなんですよ。

アナベル（モーリシャス共和国）

---

26 アフリカ南東部、マダガスカル島とモザンビークの間にある諸島。
27 中国の伝統行事で、旧暦8月15日におこなわれる、月を祭る節句。
28 結婚したインドの女性が、額につける赤い印。

地球の子どもたちへ

こんにちは。

　ぼくはアジアの国トルコで生まれて、フランスに移住してきたセリナです。パパ、ママ、兄さん、ぼくの4人家族です。親せきがトルコにいるので、2年に一度、飛行機で里帰りします。2週間くらい過ごしてからまた飛行機でフランスにもどります。

　トルコに住んでいたときはトルコ語ではなく、フランス語を学ぶ学校に通っていました。フランス語を学びたい子ども向けの、特別な学校です。そのおかげで、フランス語が話せるようになったのです！

　トルコはすばらしい国です。景色の美しい場所があちこちにあって観光客にもたくさん出会えます。それに、ぼくのだいすきな名物料理がたくさんあります。

　親せきの人たちに会いたくなると、すぐにパソコンを開いて、小型のカメラを通しておしゃべりを楽しみます。おたがい、話したいことが山ほどあるんですよ！

　フランスに住んでいますが、やっぱり、トルコに帰りたいなぁ。やっぱり、フランス語がトルコ語よりむずかしいからかなぁ…！

　地球のすべての子どもたちへ、みなさんにいつか会えますように！

セリナ（フランス）

遠いヨーロッパに住む友だちへ

　わたしが住むアフリカ大陸は、エイズにかかって死んだ人と親をなくした子どもの数が世界でいちばん多い地域です。悲しいことです。

　でも、白人の人びとの子どもたちにぜひ伝えたいことがあります。みなさん、わたしたちは悲しんでばかりいるわけではないんです。たしかに、病気にかかったり、まずしかったり、せっかく種をまいても収穫がわずかしか得られないときは、悲しくて、なみだが止まりません。

　それでも、たのしいことや笑ったりすることも、たくさんあります。

　この前なんか、先生におこられた男子生徒が逃げて木に登ったきりおりてこなくなりました。そこで、先生がその子をおろそうと木に登ったらドッシーン！　なんと先生のほうが落っこちてしまったんです。

　こんなゆかいなできごとだってあるんですよ。

マリアマ（セネガル）

人種差別をする心のせまい人たちへ

あなたがたは、どうして人種差別をするのですか？

人はみんなおなじ人間のはずです。ある宗教を信じる人もいれば、別の宗教を信じる人もいる。それなのにどうして、自分の宗教がいちばんで、ほかの宗教はあってはならないなんて考えるのでしょうか。

わたしの友だちの女の子は、イスラム教徒だというだけで悪口を大声でいわれました。どうしてそんなことをするのですか？ 理解できません。前の年には、別の友だちが、ルーマニア出身だというだけでバカにされ、なかまはずれにされていました。その友だちは、学期の終了日に、ある生徒をなぐってしまいました。どうにもがまんできなくなったのでしょう。暴力をふるういがい、怒りのもっていきようがなかったのだと思います。

政治や教育は、宗教とは独立したものでしょう。そのことを、わたしは忘れないようにしたい。わたしたちはみんなおなじ権利をもっています。

だれだって学校に行けるし、差別されないで学ぶことができます。まちがえる権利もあるし、自由に話して、考えて、物を書いて、笑って、息をする権利もあります。人間はおなじ空気を吸って生きているんですよね。

人種差別をしたり、自分とはちがうほかの人びとを受け入れないのは人間ではありません。心がせますぎると思いませんか！

メリサ、イスレム、サミュエル、ダミアン（フランス）

「辞書づくりをする大人におねがい。みんなにとって、外国語ではない、親しみやすい言語をひとつ、つくってほしいな」

イザベル
（フランス）

「インターネットができてから、わたしたちはよその国に行く必要がなくなった。よその国の人たちがわたしたちのところにやってくるようになったから」

シュンドケルティ（スリランカ）

自由の 女神へ

愛する自由の女神さま

　どうぞ、すべての人に自由をあたえ、この地球全体を照らしてください。
　戦争がない世の中にしてください。あなたの力で殺し合いをやめさせてください。
　人身売買や強制労働をさせる人びとをつかまえてください。麻薬をやめられない若者を思いとどまらせてください。自由を失うだけです。
　パリのセーヌ川沿いにも、ニューヨークの自由の女神像を小さくした像があります。長い服のすそには、血かペンキのような、赤いシミがついていました。

　イルカも自由の女神ににていますね。心が広く、けっして人間をうらぎらないからです。
　ある日、カリブ海にあるマルティニーク島で、パパとぼくが船に乗っていると、とつぜん、1頭のイルカが水面にプカプカういているのが見えました。なにかようすがおかしいとすぐにわかりました。
　パパはイルカを助けようと、船に水をたくさんかき入れ、イルカをつかまえて船に乗せ、サン・ピエール[30]にある動物病院まで運びました。イルカはメスで、すでに死んでいましたが、おなかのなかには赤ちゃんが2頭いたのです。生きていた赤ちゃんイルカを、お医者さんがおなかからとりあげてくれました。そして、パパはその赤ちゃんイルカを海に帰してあげたのです。
　それからというもの、パパの船が通ると、2頭のイルカがかならずあとを追ってきます。イルカって、人にとても忠実なんです。
　自由の女神さま、どうかあなたも地球のすべての人間に忠実でいてください。

　　　　ダビッド、　フロリー、　セヴリーヌ　（フランス）

「ママはいます。
『自由・平等・友愛』それは、
わたしが夢見る国のスローガンなの」

カリナ（フランス）

30　マルティニーク島北東部にある小さな漁村。
31　耳が聞こえにくい人が、音声を聞き取るためにつける機器。

耳がよく聞こえる人びとへ

ルー・アンヌといいます。わたしは、生まれたときから耳がよく聞こえません。みんなからよく、どうしたのって聞かれます。2歳のときから補聴器31をつけていますが、ふつうの小学校に通っていてしあわせです。わたしはごくふつうの女の子。落第したことも一度もありません。

ルー・アンヌ

ひとりひとりちがう人間たちへ

やあ、ぼくはめがねをかけているんだ。それが気にくわないっていうやつには、べーって舌を出してやるんだよ。

わたしは車イスに乗っています。「どうしたの？」って聞かれるのは、あまりすきではありません。

ぼくのこと……？ アトピーにかかってから、『焼きソーセージ』ってあだながついたんだ。とんでもないあだなで、ひどいだろ！。

わたしは歯ならびをなおすための器具をつけています。それをからかわれるのはいやだな。

ぼくはみんなより鼻が低いです。この国から遠い国で生まれたからでしょうか。

ぼくは太っています。だけど、「デブブタ」ってよばれるの、だいっきらい！

わたしはいつもぼんやりしているって、みんなからバカにされています。おまけに、今年は成績がおもうようにならなくて、点数が下がったりすると、ママからもおこづかいをへらされて、がっかりです。

わたしたちはひとりひとりがほかの人とはちがうって信じています。だって、そうでしょう。人間っていうのは……。まるでパズルのコマみたいですね。

レティシア、ジェラルディーヌ、ナンシー、ヤナイナ、セリーヌ、エロディ、クラスのみんな（フランス）

別居する親たちへ

わたしはドリアン、10歳です。パパとママが別居しました。最初は口ゲンカからはじまり、それからもう愛していないっていいあいになりました。わたしは、悲しいです。

夜にママがはたらいているあいだ、わたしはパパのところに行きます。パパの家で一晩ねてすごし、つぎの日の朝6時に、ママがわたしをつれにきます。

パパはわたしに「またね！」っていって背中を向け、仕事に出かけます。

大人たちはケンカしないでなかよくしてほしいと思います。

パパとママは、もっと、わたしといっしょにいてほしい。そうなるのが、わたしにとって、いちばん幸せなのですから……。

ドリアン（フランス）

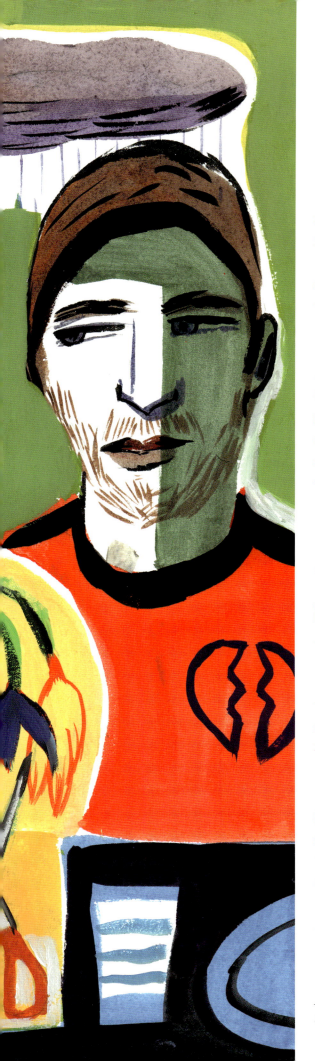

ぼくが ほこりに 思っている ことへの 手紙

　ウスマヌをほこりに思う。だってウスマヌは、だれかがぼくをなぐろうとしたとき、まもろうとしてくれたんだ。
　自分のこともほこりに思っているんだ。暴力ではなにも解決しないし、問題をつくり出すだけだって知っているからさ。

　学校にちゃんと行っていることもほこっていいんだよね。だって、ほかの国や大陸の人びとがどんな生活をしているのか知ることができるし、どうすれば長距離を走れるようになれるか、コツを教えてもらえる。それに、バルトロメ・デ・ラス・カサス[32]がどんな人物なのかも学べるし、理科の時間に実験のアイディアだって発表できるんだ。英語で日づけも書けるようになるし……。

　公立の学校に通えることも満足。宗教によって子どもたちを差別しないから……。
　お昼休みの指導員も、ぼくのじまんの先生なんだ。室内サッカーや昔から伝わるゲーム、それにパソコンゲームとか、いろんなスポーツや遊びを教えてくれるんだ。

　女子と男子がいっしょにサッカーできるのもじまんできるな。男子は、女子が入ると手荒なプレイをしないように気をくばるんだ。でも、女子のなかには、男子とおなじくらいサッカーがじょうずな子もいるんだ。

　タバコをやめたママのこともほこりに思う。いっしょに話をする時間が前よりふえたし、今日したことや習ったことを話せるし、今晩のおかずも話題になる。いっしょにテレビゲームをしようってぼくからさそうこともあるんだ。
　まだ、おばあちゃんがタバコを吸っているので、どうやったらやめてもらえるか、いま考え中なんだよ。

　　　　　　　　　　　アドリアン（フランス）

---

[32] 15世紀スペイン出身のカトリックの司祭。南アメリカで宣教した。

暴力をふるうすべての親たちへ

　この手紙に、わたしは家庭でおこる暴力について書きます。

　たとえば、わたしのパパは暴力をふるいます。ママをなぐるし、すぐにおこります。犬もたたくし、本当につらいです。

　それでも、わたしはパパがだいすきなのです。だって、わたしのパパだから。パパのせいだけじゃないから、うらんでもいません。

　パパのパパがきびしすぎたんだと思います。それにパパのこれまでの人生は楽ではありませんでした。

　いつもお酒を飲んで……、飲みすぎです。やめるようにいうと、よけい問題が大きくなるので、パパにだまってグラスのワインを流しにすてたりします。

　お父さんやお母さん、親たちみんなにいいたいです。暴力をふるうのはやめてください。これはとてもたいせつなことです。

アルジャントゥイユに住む少女（フランス）

読み書きができない大人たちへ

わたしのパパは、文字を書くことも読むこともできません。わたしが、夕方になるとパパに読み書きを教えています。

読み書きができない大人には、たくさんの手助けが必要です。

ジェシカ（フランス）

「ママはいつも笑っています。
ひと休みしたあとも、笑顔で仕事にもどります。
そんなふうにいつもがんばっているママの姿を見ると、わたしはなんだか気の毒になります」

パオロ（フランス）

海にいるパパへ

パパ、

陸地から、海の上にいる友だちいじょうにたいせつなパパに手紙を書きます。

最近の家のようすですが、ママは、なんだか、いつもイライラしています。本当にいやになります！

パパに、そして大人のみなさんに聞いてほしいのです。

どうして、大人たちは、いま目の前におきていることを見ようとせず、聞く耳も持ってくれないのですか？

いつも仕事のことで頭がいっぱいでイライラし、家でなにかおきても二の次、三の次になっていませんか？　ほとんど口もきいてくれないのはどうしてなの？

大人のみなさん、自分が話すことばに気をつけてください！　もっと子どものことを考えてください。

子どもは、大人を写す鏡なんですからね！

コンスタンツァ（チリ）

これから生まれてくるかもしれない赤ちゃんへ

はじめまして、赤ちゃん！

末っ子ってつまんない。いやなんです。わたしには、自分より年下のいとこはいないし、弟も妹もいません。

わたしには、思春期まっただなかのお兄ちゃんがひとりと、あとは20代のいとこ3人がいるだけ。でも、歳がちがいすぎて、会って話すことなんてほとんどないの。

家族のなかに、わたしより年下の子どもがいたらいいなといつも思います。わたしは赤ちゃんがだいすきです。だって、かわいくてたまらないでしょ。大きくなったら、いっしょに遊びたいし、学校の勉強だって見てあげます。

わたしもだれかの役に立ちたいんです。だって、いつもみんなからお世話してもらっているばかりだもの……。

ローラ（フランス）

生まれてきてほしかった、ぼくのふたごの弟へ

どうしてきみは、生まれてこなかったの？　ぼくはひとりで本当につまらないんだ。ひとりっ子だからかわいがってもらえるし、プレゼントもたくさんもらえるけど、あまりうれしくないんだよ。

友だちがそばにいないと、さみしくなる。ひとりぼっちだって感じるとき、きみが、ぼくといっしょに生まれてきてくれていたらって考えてしまうんだ。

ふたごのきょうだいだから、ぼくの気持ち、わかってくれるよね。

アレクサンドル（フランス）

息を引き取ったばかりのおじいちゃんへ

　なくなったばかりのおじいちゃん、時間がなくていえなかったことがあるんだ。
　今年、ちょっと成績が下がっちゃった。
　おじいちゃんのパン、最高においしかった。チョコレートパンとか、ブリオッシュとか。
　パン屋さんなんだから当たり前かな。
　誕生日のプレゼントにディズニーのマンガ週刊誌『ミッキー・ジャーナル』をとってくれたよね。だから、お菓子のレシピ、つくれるようになったんだよ。
　ぼくがつくったチョコレートパフェ、ごちそうできなくて残念なんだなあ。

　これもいっておきたかったけど、いえなかった。通信簿が20点満点で15点だったんだ。今年はフルートの試験も受けるよ。それから、讃美歌の『聖母マリアへの祈り』をマンドリンでひけるようになったんだ。

　人って本当に死んじゃうんだね。仕方ないことなんだよね。でもおじいちゃんのことはけっして忘れないよ。いつもおじいちゃんのことを思っているよ。
　いっしょに過ごしたクリスマスの思い出、かっていたメンドリのこと。ねこのミネットはシャラント・マリティーム県[33]の家でひとりぼっちになっちゃったけど……。
　おじいちゃんのこと、ぜったいに忘れない。

イザベル（フランス）

---

33 フランス中西部にある県で、温暖な気候と美しい海岸により観光地として名高い。

生まれてくる赤ちゃんへ

こんにちは、赤ちゃん！

今度生まれてくるきみは、ぼくのいとこになるんだよ。男の子かな、女の子かな？

きみのパパはクロード、ママはマリ・クリスチーヌっていうんだ。お姉ちゃんがふたり、お兄ちゃんがひとりいて、セリアは10歳、カピュシーヌは2歳、ジャン・マリは11歳だよ。5月に生まれてくるんだね、きみは。リヨン近くのヴィルールバンヌっていう町に住むんだよ。

ぼくはトマっていうんだ。メスねこのミナもいて、おじいちゃんとおばあちゃんの家に住んでいるんだ。

でも家族のことだけじゃなくて、ほかにもいろいろやることがあるんだよ。学校に通わなくちゃいけないし、仕事も家事もしなくちゃいけない。買い物したり、ゴミを捨てたり、パパとママのお手伝いをしたり……。いやになっちゃうよ！

でも、楽しいこともいっぱいあってね。映画に行ったり、ラジオを聞いたり、サイクリングしたり、本を読んだり。本はフランスで人気の『アステリックス』っていうマンガがオススメかな。ほかにもパソコンで遊んだり、わいわいさわいだり、眠ったり……。

愛されるってこともすばらしいよ。どこか痛いところがあれば、パパとママがいたわってくれるし、やさしく看病してくれる。ほっぺにも、鼻にも額にもキスしてくれるよ。とくに夜ねる前にね。愛されるって本当にありがたいことだよ。

パパとママって、子どもが小さかったころのこと、ぜんぶ覚えているんだ。子どものこと、いつも大事にしてくれるのもパパとママ。女の子に生まれたら、赤ちゃんから少しずつ少女になって、大人になって、お母さんになって、おばあちゃんになるんだ。きみもぼくたちとおなじように、すてきな人生をおくれるよ。早く、元気に生まれてきてね。じゃあね！

トマ、リンダ、カリマ、ディディエ、
ベンジャミン、セバスチャン（フランス）

教育大臣へ

はじめまして。

今日は、わたしたちが夢見る理想の学校を紹介します。

学校では、朝、はじめに、みんないっしょにオレンジジュースを飲みます。すっきりと目がさめて、まるでからだのなかにお日さまが入りこんでくるような気分になります。それから、こうしろ、ああしろといちいち命令されるのではなく、いっしょに生活したり、話をしたり、すべてを分かちあうための規則を学びます。

先生からは、たのしく、わかりやすく学びます。算数や国語、外国語などを笑顔で学べるなんて、すてきでしょ！　たくさんの言葉をつぎつぎと書き取る勉強じゃなくて、ジェスチャーゲームやクイズゲームをしながら歴史上の大事件を学びます。世界をつくったえらい人や、本に出てくる人物をゲームに登場させるんです。だって、そのほうが頭に入りやすいでしょ？

町中にもよく見学に出かけます。イスラムのモスク、キリスト教の教会、歴史的建造物などを身近に感じることができるからです。ことばだけの説明で、あとは想像するだけの勉強とはちがうんです。

美術館はまるで自分の家みたい。かざられている絵の美しさに見とれ、彫像はいまにも話しかけてきそうです。騎士たちが使っていたトランクには、財宝がいっぱいつまっています。そこに行くと、なんだかりっぱな学者になったような気分になります。

10歳から15歳までの生徒がいっしょのクラスになり、ひとりひとりのリズムで勉強を進めます。大家族のように、おたがいに助け合うんです。

ほかの生徒のつま先からてっぺんまでジロジロ見てけなしたり、悪口をいったり、おたがいのあいだに壁をつくるのはもう終わりです！　人をからかったり、批判したり、傷つけたりするのはもうやめましょう！

あるがままの自分たちの考えを尊重し、認め合い、広い心をもつことを学びます。

学校が、わたしたちに教えなければならないことはそうしたことではないでしょうか。生徒が不満をうったえたら、学校はそれを聞く耳をもってほしいと思います。

いま学校でこの手紙を、みんなで書いています。わたしたちの学校はこの夢の学校にとてもよくにています。姉妹校がたくさんできてほしいです！

学校に通う道のりがつらい10代の子どもたちが、笑いながら通えるようになってほしいです。

NPOエメ中学校、1クラス編成、生徒8名より（フランス）

「いたずらしなかった子をしからないで！いたずらした子といっしょにしないで。でないと不公平でしょ！それと午後、すきなことをやれる日が週1回あるといいな。」

ファティマ（フランス）

「学校でいちばんすきなのは、先生がまちがえたとき。おかしいよね！　先生は静かにしないと罰をあたえるっておどかすんだけど、ジョークだってわかってるから、みんなもっと笑っちゃうんだ。」

スティーブ（フランス）

ぼくのランドセルくんへ

ほんと、ランドセルくんには苦労しているんだ。ぼくには少し重すぎるんだね。学校からの帰り道、いつも背中が痛くなるんだよ。

朝だって、まだ半分しか目がさめてないのに、ランドセルくんは、ぼくの背中にずっしりと乗ってくるでしょ。すてきなランドセルくんではあるけれど、とにかく肩が痛いんだ。大きすぎて、どこに何を入れたのかすぐわからなくなっちゃう……。

ランドセルくんに出会わなければよかった。中学になると、ランドセルくんはもっと体重がふえるんだって！　おねがいだから、ダイエットしてスリムになってくれよ。数学は分数だけに、歴史は現代史だけにへらして、少し軽くなってほしいなぁ！

よろしくね！

ルー（フランス）

サッカーが苦手なきみへ

やあ！

ぼくね、サッカーがへたくそだって、学校の友だちにいわれたことがあるんだ。きみもそうでしょ？　ぼくにはパスがこない。頭にきて、カッカして、なきたくなっちゃったことも……。もうサッカー、やめちゃおうかなって思ったことだってあるんだ。

だって、本当はパスを出して、ドリブルして、シュートを決めたいんだ、ぼくだって。

サッカーが苦手なら、アドバイスがある。ほかのスポーツをやっちゃえばいい。それもひとつの手じゃないかな。

サッカーをつづけるのなら、サッカークラブのメンバーになるのはどうだろうか。練習も友だちとだけでなく、パパやママとも練習するといいんじゃない。それでもうまくならなかったら、「じゃ教えて！」ってたのめばいい。何回かやってごらんよ。つづけていれば上達する、かならず上達する！

セクー、アニス（フランス）

サッカークラブのコーチへ

コーチ、土曜日にトーナメントがあるけれど、ぼく、ディフェンダーはやりたくないんです。ゴールを決めて「ナイスプレー！」っていわれてみたいんだ。だめですか？

将来、もしかしたらミュンヘンのバイエルンと契約するような選手になるかもしれないと思っているんだけど……。そうなったら、パパとママ、喜ぶだろうなぁ。

コーチ、ぼくをアタッカーにして。おねがいです！

ファレス（フランス）

小学校の担任の先生へ

先生、なんていったらいいのかな……。どうか、ときどきは、ぼくの身にもなってください。

ぼくは、先生に習ったことをぜんぶ覚えられないんです。でも、先生は「かんぺきに答えなさい！」っていうでしょ。「わかってないわね！」って、おこることもありますね。

勉強が苦手なぼくは、ぜんぶ覚えて理解するなんて無理です！　しかし、理解できないと先生はおこります。「かんたんでしょ！」って……。

わからないのは、ぼくのせいなのかって思ってしまいます。すると、やる気がなくなって、それがまた、ストレスになるんです。

だから、先生、かんたんだっていうの、やめてくれませんか？　休み時間に終わってない課題をさせるのもおかしいと思います！　先生だって、ずっとまえは子どもだったんでしょう。思い出してみてくれませんか。

ぼくはまだ子どもです。完全な人間なんてどこにもいないのではないですか。

イマン、ジェニファー、エリア、ユーセフ、
エヴァ、クリステファーヌ、
ベルナルド、マクシム、ロラ（フランス）

「学校の授業料を無料にしてほしいです。そうすればお父さんかお母さんのどちらかが家にいてくれるので宿題をみてもらえます。でも、いまの学校はお金がかかりすぎるから、パパもママもはたらいてお金をかせがなくてはなりません。家にはお兄ちゃんとお姉ちゃんしかいなくて、わたしが宿題しているとかならずじゃまするんです」

ドリアンヌ（フランス）

57

犬をかっているみなさんへ

　ぼくは、ビリーという名前のラブラドール犬です。毛なみが黒い大型犬で、ご夫婦にかわれています。

　ペットショップで買ってもらったとき、まだ小さくてかわいかったぼくは、エサをもらったり、外に連れられて散歩したり、おもちゃもいっぱい買ってもらいました。ご夫婦は、いつもキスしてくれて、なでてもらえました。あまえられたあのころは、本当にしあわせでした。

ところが、いまはまっ暗な地下室でねてばかりです。だれもぼくに会いにきてくれません。だれも、キスもしてくれないし、なでてももらえません。あまえさせてもらえないんです。
エサやりだって忘れられて、もらえないことも多いんです。
ぼくはラブラドールだから、外に出て自由に走りまわりたいのです。
みなさんが犬をかおうとするときには、よくよく考えてかってください。
ぼくのような幸せじゃない犬にしないでほしいですから。

エリア（フランス）

仕事をさがしているのに、なかなか見つからないおばさんへ

　エメラルダおばさん、この前、おばさんはみんなの前でなみだを流しました。仕事が決まらなくて、自分をダメな人間だっていっていましたね。ダメなんてことないじゃないですか。学校のころの成績も良かったし、土地測量士の資格まで、去年取ったじゃないですか。まじめに生きてきたおばさんは習ったことはしっかり身につけているはずです。

　子どものわたしにとって、大人の人が泣くのを見るのはショックです。はたらかずにどうやって食べていけるのでしょうか？　ねこのエサだって、どうやって買うのでしょうか？　仕事が見つけられないおばさんの気持ちは、よくわかります。

レオニー（フランス）

工場のけむりが きらいな ぼくの友だちへ

　みんなが知っているように、ぼくのパパは化学薬品をあつかう工場ではたらいています。えんとつから黄緑のけむりを出しているあの工場です。
　工場は空気をよごしています。ときどき、学校の出口でもにおうし、あの工場をなくせと多くの人がいっています。
　でも、工場がなくなったら、町でたくさんの人たちが仕事を失ってしまいます。ときどき想像するんです。えんとつを、すごく長くして地下鉄みたいに地中にうめて、人が住んでいない遠いところでけむりを出しては、と。しかし、そうしたって地球を汚染していることに変わりはないんですよね。
　パパの工場、どうすればいいのか、ぼくにはわかりません。

ジョニ（フランス）

はたらくお父さんや お母さんへ

だいすきなパパとママ、

　ぼくはパパもママもだいすきだけど、ふたりとも帰りがおそいからいやだな。
　学校から帰ると、いつもひとりでお留守番。テレビを見ながらおやつを食べ、宿題をして、ウサギのジャノをだっこする。ひとりっ子だから、家にいっしょにいてくれるのはウサギだけでしょ。ジャノはだいすきだけど、もっとパパとママといっしょにいたいんだ。
　パパがはたらく工場に連れていってくれないかな。自動車とかオートバイを修理する工場でしょう。パパはいつもサンドイッチを持っていくから、お昼はピクニックみたいになるね。パパの工場の友だちにも会ってみたいなぁ。
　ぼくは大きくなったら、自分の子どもを仕事場に連れていきたい。でも、ぼくが本当にすきな仕事をすることになったらダメ。だって、ぼくは宇宙飛行士になって地球以外の惑星に行き、ママに宝石を見つけてあげたいんだ。それに太陽の上を歩いてみたい。そんな仕事についたら、自分の子どもは連れていかないでしょ。危ないからね。
　一生けんめいにはたらいているけど給料があまりよくない。パパ、そういっていたでしょ。この前のばん、ぼく、ベッドでこっそり聞いちゃったんだ。ベッドをおりてドアのすきまからママとの話を聞いちゃった。
　ママもね。ときどきおなじことをするでしょ。ねているぼくをこっそり見にきて、ぼくにキスしながら、ぼくのねごとを聞いてるでしょ……。

セバスチャン（フランス）

家を差しおさえにくる人たちへ
はじめまして、差しおさえにきたおじさん

おじさんはあの日、ぼくの家を差しおさえにきましたね。
ぼくの家が借金を返せなかったからですか？
ぼくたちがお祭りに出かけているあいだに、警官や作業員、
引っこし屋をいっしょに連れて家にきたんですね。
ぼくたちが家に帰ると、タンス、テレビ、イスがなくなっていました。
パパとママ、そしてぼくの3人はなきました。ひどすぎます。
このまえ、またやってきて、今度はドアをこじあけて家に入ってきましたね。
お金がありすぎて困っている人もいるのでしょうが、ぼくの家にはお金がありません。
これから、ぼくたちは田舎に引っこしてくらします。
ここより落ち着いたくらしができるでしょう。いなかの人びとは、
ここの人たちほど意地悪ではないし、話し方もゆっくりで、やさしい人たちです。
のんびりした田舎の生活はきっと、ここよりましだと思います。

セドリック（フランス）

テレビでだれか女の人がいってました。
「地球の富の半分は、
たった1パーセントの人に集中している」って。
それってどろぼうみたいですよね！
でもどうしてだれも刑務所に入っていないのでしょう。

パコ、エタン（スペイン）

お金さんへ

　お金さん、不思議なことに、あなたはいつでもお金持ちがすきで、まずしいぼくたちの家にはきてくれません。もしうちにきてくれたら、よろこんでお出むかえするし、みんな大よろこびなんだけど……！

　お金だけで人はしあわせになれないってことはよくわかっています。でも、お金があると、とても助かるのは事実です。おじいちゃんの面倒も見れるし、ヒンディー教のお祭りのディパヴァリで花火を打ち上げることもできます。ちゃんとした服も買えるので、もう人からからかわれずにすみます。勉強もできるし、おとなりの人を助けてあげることもできます。

　　　　　　　ジェニファーとジェニファ（インド）

「母の日のプレゼントを買うお金がどうしてもたまらない。悲しいな」

オスカー（フランス）

お金たちへ

　ぼくはロシア人だからルーブルがほしい。あなたはドルですか？ ユーロでしょうか？ お金はどれもおなじで、それだけの価値があるから、どんなお金でもほしいです。

　おじいちゃんは、コインは畑にはえてこないよっていいます。お札だって、財布のなかじゃ子どもはうめないよって、ぼくならいいます。

　ぼくの親はまずしくないけど、お金持ちではありません。肉を買うのをやめたりとか、親が何かをがまんしている姿を見るのはつらいです。

　ぼくはジロジロ見られるのもきらいです。どんなふうに思われているのかさっぱりわからないからです。きっと、まぬけだとか、ひどい人間だって思われているんでしょう。

　ぼくは、だれにも気づかれたくないし、そっとしておいてほしいです。

コルネイ（ロシア）

「30万ユーロ。これは、あるサッカー選手の月収だ。ぜったい多すぎるよね。でも、やっぱりプレイしている姿は見たいよ」

マチス（フランス）

ぼくの 美しい アナベルへ

　だいすきなアナベル。世界が終わるまで、ぼくはずっとアナベルをだいすきでいたい。
　きみのブロンドの髪と金色のリボンがだいすきだし、空気より軽そうな、その歩き方がすき。ディエップの青い海とおなじくらい青いきみの目もすきなんだ。
　アナベルのことを思うと、ぼくの心はいつもドキドキです。きみの心も少しはぼくのためにドキドキしてほしいなぁ。だって、ぼくはアナベルのことがこんなにすきなんだから……。
　幼稚園で、となりどうしになったとき、ぼくにずっと話しかけてくれたでしょ。あのとき、心臓はバクバクだったんだ。4年前のことだよ。まっかなバラのようにきれいで、かわいいアナベル。青い海のようなひとみ。青い海をおよぐイルカのようなアナベル。
　きみといっしょなら船で世界一周もしたい。いまはおなじクラスの9歳どうしだから結婚はできないけれど、誕生日はしっかりおぼえているんだ。7月10日、だよね。
　将来、結婚したら、もちろん子どもがほしいね。そして動物をたくさんかおう。犬とねこのオスとメス、どっちもかおう。家の屋根と壁は青にしようね。
　でも、ぼくのこと、アナベルがどう思っているか、わからないんだ……。ぼくの心をこめてキッスを！。

ジョン （フランス）

「離婚調停所の裁判官さまへ
離婚裁判所を閉じてください。
そこに行くパパとママが
あまりに多すぎます！」

ナディア、サミール、オリビア、
ファティア（フランス）

愛のキューピッドさんへ

キューピッドさんに伝えたいことがあります。人をすきになると、うれしくて満たされた気持ちになります。どうしてでしょうか？　恋していると、すべてがうまくいくような気がするし、まるで雲のなかを飛んでいるような気分になります。けれども、恋がうまくいかなくなると、とても苦しくなって、世界はもう終わりだって思うことさえあると聞きました。

まわりの人がだれかと恋をしているとします。すると、その人たちは相手の人に愛されていることになりますね。じゃあ、まだ恋したことがない人は、ずっとひとりっきりってことなのでしょうか。

愛のキューピッドさん、みんなから愛されるなんてことはありえないと思います。それはわかっていますが、まだ、恋をしたことがないわたしたちは、いつかあなたがやってくるのをずっとまっているのですよ。もし、きてくださるのなら、できるだけ長くいてくださいね。まっています！

カミラ、コンスタンツァ（チリ）

PS：あまりおそくなってからくるのはやめて、早くきてくださいね！

恋人たちへ

たずねます。

どうしてそんなにキッスするの？
いつもいっしょに泳ぎに行くのはどうして？
いっしょにシャワーを浴びるのはどうして？
レストランにふたりで行くのはそんなにたのしいの？
ぼくには、まだ、どんなことなのかよくわからないけどさ。
ぼくはいま、犬にさわっているときがいちばんしあわせなんだけどね……。
窓ガラスにハートを描き、そのなかにふたりの名を書いたりするのもいいですね。
それでも、いま、いちばんやってみたいのは、屋根に登って、エッフェル塔が夜空に照らされるのを見ること。美しいだろうな。
大きくなったら、パパとママのように愛しあえる人に出会いたい。
いま想像しているよりずっとすごい恋をしたいんだ。

セバスチャン（フランス）

わたしのバイオリンへ

　寒いとき弾いてあげると、あなたはあたたかくなりますね。反対に暑い日は、あなたを弾くわたしのほうが汗だくになってしまいます。

　わたしは、あなたのすがたかたちがすきです。材質の木もすきです。

　ときどき思うんです。あなたがひとりで動いて演奏してくれないかって。わたしは頭をかたむけて、肩の上に弓をじっと動かないように置いているだけなの。あなたは自分から弓にふれて音をつくってくれるのです。そんなことができたら、きっと美しくてすばらしい音楽が生まれるのではないかって思っているんです。楽器からにじみ出てくるメロディーだから、あなたの心のそこから生まれ出てくる調べになるのですからね。

　音楽はわたしを強く引きつけるはるかな世界です。

マイア（ウクライナ）

こんにちは、クラッシックバレエさん

　ぼくのいちばん大きな楽しみはおどることです。いつか世界中の国で、たくさんの人びとの前でおどってみたいと思います。

　足を高く上げるグランバットマンや回転、バーを使った練習をしています。もうすぐジャン・ヴィラールホールでおどることになっているのですよ。ぼくの役はたぶんピーターパン。女の子は12人いるけど、男の子はぼくだけなんです。

　バレエなんて女のするもんだって、おなじマンションの男の子がバカにします。でもそのたびにパパは下におりてきて「どう思われようとへっちゃらさ！　ほっといてくれ！」って大声でいいかえしてくれるんです。

　ダンスというスポーツを選んだのは、ぼくなんです。ある日、テレビでクラシックバレエの番組を見たあと、ワクワクして、夜になっても頭からはなれなかったんです。

クリストフ（フランス）

本がだいすきな子どもたちへ

　みなさんは朝から晩まで本ばかり読んでいるらしいけど、つかれませんか？
　言葉と活字の連続ショーでしょ、きっと目がつかれるはずだよ。
　ぼくらといっしょにサッカーやる気はありませんか？
　こわがることなんてないんだよ。足のしびれもなおるし、いいと思うけどなぁ。
　本のページをめくるだけだと、目と指の運動にしかならないでしょ。
　友だちのクレマンによると、本ずきな子はお話がだいすきなんだって。
　ぼくも本はすきだけど、テレビのほうが動くからもっといいって答えているんだ。
　みんなは本、ぼくはサッカー。自分がすきなことをしていいんだよ。
　ほかの人にはつまらなくてもね。すきこそ、モノのじょうずなれって。
　どうぞ、本をこれからも楽しんでください！

ウラジミール（フランス）

コマーシャルを つくる 大人たちへ

　ぼくはコマーシャルがだいすきです。まるで映画を見ているみたいで、お金はかからない。すごくかっこいい音楽が流れて、きれいな女の子たちも出てくる！　友だちのトムとミカエルといっしょにいるときなんて、おもしろすぎて床をころげまわっちゃうくらいなんだ。

　ところがね。コマーシャルに出てくるおもちゃなんかを買ったりするとガッカリしちゃう。期待していたほどおもしろくないし、テレビではうまく操縦できているおもちゃがうまく動かない。パワーの出るドリンクのコマーシャルもおなじ。屋根の上を走りまわったり、片手で滝をせきとめたりするパワーは生まれてこない！

　パパは商店の売場主任だけど、そんなの当たり前だっていうんだ。ママは広告がきらいなんだって。郵便もテレビもケースとか服についてる広告も全部なくなってほしいっていってるよ。

　でも、ぼくはテレビのコマーシャルが多すぎるとは思わない。それよりコマーシャルで見ていることを本当に実現していくってことがたいせつですよね。

　コマーシャルをつくる大人のみなさん。これからのコマーシャルは、ぼくたちが期待するようなちゃんとしたコマーシャルづくりを心がけてくださいね。

ケヴィン　（アメリカ合衆国）

「おばあちゃんがいうんだ。
何かがほしくて
たまらないときは、
かえって用心しなさいって」

チョミン（フランス）

ぼくのだいすきなハンバーガーくんへ

　愛するハンバーガーくん！　ハンバーガーくんを食べるとき、きみとふんわりと両手でだきあうような気分になって舌でなめまわしながらかぶりつくんだよ。はさまれたチーズもステーキもサラダもだいすきで、まるいパンもすき。とにかくすべてがすきなんだ。いくら食べても、またすぐに食べたくなるほどなんだ。

　ときどきパパといっしょにマクドナルドに行くけど、食べるのはぼくと13歳の妹だけ。パパは外でまってるか、友だちに会いにいくことが多い。パパは、あまりハンバーガーがすきじゃないんd。

　ぼくのお気に入りはチーズバーガー、マックベーコン、ビッグマックのトリオ。ぜったいにメニューにあげてほしくないのは、ほうれん草バーガーくんと野菜をむしたラタトゥイユバーガーくん。このデュオは苦手なんだ。

　バーガーにのっかったケチャップをなめると手がふるえちゃう。ふれるだけでゾクゾクして、気がくるいそうになるんだ。でもピザくん、ご心配なく。きみのこともだいすきだから！

アルノー（フランス）

「人間はET（地球外生命体）に地球の悪いイメージを発信しつづけている。そうだとしたら悲しいな。だって地球にはすばらしいものがいっぱいあるんだから」

ジュリアン（フランス）

そうだと思いこんでいる人たちへ

　ぼくたちはマルセイユの郊外にある団地に住んでいます。ドブネズミが走りまわり、ゴミは散らかりっぱなし。そんなイメージが強くて、危ない場所だといわれています。こわい人に会うかもしれないし、家のなかで人が殺されるかもしれない。もしかしたら建物に放火されるかもしれない。そんな恐怖と治安の悪さのなかで、ぼくたちはくらしているんです。

　でもここにくれば、きっとすぐにわかってもらえるはずです。親切な人が多いし、サッカーをしている人もいれば、歌を歌っている人もいます。そんな陽気な空気が流れる町なのです。びっくりするくらい、すてきな人もいるし、心の広い人や、やる気がある人、それに助け合いの心をもっている人だっています。

　ぼくたちが通う学校の門をくぐれば、子どもたちが勉強し、グラウンドからは笑い声があふれているのがわかるでしょう。

　決めつけるのではなく、知ろうとしてくれたらうれしいな。ここ、カリステ団地は希望をはぐくむ団地でもあるんです。

　　　　　　　カリステ団地の子どもたち（フランス）

星の王子さまへ

　わたしたちが住む地球にやって来ませんか？　わたしたちが住む町にぜひ立ち寄ってください。王子さまの助けがほしいのです。ここは不潔でゴミだらけ。住むような場所じゃないっていわれているけれど、ぜひ、わたしたちに会いにきてください！

　ここにも楽しいことはいっぱいあるし、すばらしい人たちもたくさんいます。友だちがいるし、さまざまなルーツをもつ人たちがいます。無料の公立学校だってありますよ。たしかにドブネズミもいますが、ふんいきは悪くありません！

　わたしたちも、あなたとおなじことを考えています。大人って変だな、わかろうとしないことがいっぱいある人たちだなって。どうか世の中の流れを変えるために手を貸してください。だれもこわがることのない町になるように、あたらしい歴史の一歩をふみ出すために。

　きっとこれないってわかってはいるのですが……。星の王子さま、わたしたちに会いに来てください！

　ナディラ、ディアヌ、メリナ、ムスタファ、レイダ、
　ヌズラ、リウムナ、アイダ、ヌリア、エル・アミン、
　マリ、ミラアヌ、スティシャン……（フランス）

見知らぬ人へ。すきなことを書きます。

ユムナです。コモロ諸島の出身です。
わたしは、こちょこちょくすぐられるのがすきです。
自分をほこりに思えることがすきです。
自分の家族がすきです。とくに姉と弟がすきです。

ロジンといいます。
家族と小学校の先生がすきです。
誕生日の日とイド・アル・フィトルの祝日[35]が
すきです。
友だちと夏と海がすきです。

ライダです。
アフリカ大陸にあるマイヨット島の出身です。
静かに勉強してるときがすき。
お姉ちゃんにほっぺをつねられるのもすき。
手紙を書くのはすきだけど、手がつかれるのは
いやだな。

ナディラです。
なんにもなやみがないときがすき。
将来、かわいいダンナさまと結婚したいな。

エル・アミンです。
あたたかいのがすき。
ママが入れてくれるあたたかいお茶がすき。
パパにだっこされるのがすき。

メリナです。
アフリカ大陸にあるマイヨット島に行くのがすき。
インドの名物料理のサモサを食べるのがだいすき。
イスラム教徒であることもすき。
夏がすきだし、友だちをつくることもすき。
スターになりたい。

ナセルです。
ぼくのお気に入りはテレビ、太陽、ボクシング。
それにポテトチップスとコメディ！

レイナです。
みんなの笑顔がすき。
家にお客さんが来てくれるのがすき。
暑いのが好き。マルセイユに住んでいるのもすき。
自分の書く字もだいすき。

あなたはどんな人かな？

　　　　　　　ユムナのクラス全員（フランス）

35　イスラム教徒がラマダン（断食）あけを祝う盛大な祭り。

子どもをもつ
すべての親たちへ

　お父さん、お母さんは超能力者です。だって、ぼくたちのこと、なんでもわかっちゃうから。元気なのか、きげんがいいのか、うれしいのか、うそをついているのか、手をちゃんと洗ったのか。子どもは何もかくせません。本当に強いなぁって思います。だって手がつけられないほどわがままなときも、ぼくらを愛してくれます。

　だけど、ぜんぜんわかってくれないこともあります。きょうだいゲンカをすると、しかられるのはいつもいちばん上。その日の気分しだいで、やけにやさしかったり、すぐにいらだったりすることもありますよね。
　ふたりの立場になりたいなんてちっとも思いません。だって、ぼくらがゆっくり休んでいるときも、仕事、家事、皿洗い、料理。山ほどすることがあるのですから。

　罰をくらって、いろいろさせられることはあるけど、子どもたちにはやっぱりあまいですね。旅行の費用をはらってくれるし、クリスマスや誕生日にはプレゼントをくれて、具合が悪いときはお医者さんに連れてってくれます。心から感謝しています。一度お礼をいいたかったので手紙にしました。

　　　　　　トムとその友だち（フランス）

「野菜も果物も
からだにいいのはわかってる。
でもイチゴ味のブロッコリーが
ないのは残念だな」

アベル（フランス）

「おいしいものはみんな太る、まずいものはやせる。どうしてなんだろう。だれがそう決めたのですか？」

マクシム（フランス）

アンディーブ[36]へ

『親愛なる』アンディーブさん、どうして苦くて、味がないし、食べてもまずいの？　ちがう味になってくれないかな？

ボロネーズ風パスタにしても、フライにしても、どんなふうに料理してもひどい味になっちゃう。どうしたらおいしくなるのか知りたいです。

オーブンから出したときに、家じゅうに広がるあのにおい。ひどいにおいですよね！　ガスマスクがあったら、つけたくなるよ。気分が悪くなっちゃう。本当にお手上げです！

ティモテ（フランス）

36　白菜を小さくしたような形の、苦みのある野菜で、チコリともよばれる。

テレビゲームのヒロイン、マリオ姫へ

　愛するプリンセス、マリオ姫。あなたはかわいいお姫さまです。いつかスーパーマリオと結婚して、幸せになってほしいと思います。危険なときはちゃんとマリオが救いにきます。

　しかし、マリオ姫のお話は本当の話じゃないんですね。マリオ姫はこの世にはいませんが、ゲームのなかでは生きています。

　マリオ姫のような一生を、わたしたちはおくりたくありません。一生が短いし、何回も死んでしまうでしょ。人間の命は一度きりだけど、もっと長いですからね。

　やっぱり、人間の一生のほうがいいと思います。マリオ姫には危険なことがいっぱいおきるけど、ぼくらの一生はもっとおだやかだから。

　マリオ姫はゲームのなかで生きるのがすきですか？　ぼくらの人生のほうがいいって思いませんか？　そうだよね。答えられないんだよね。

　やっぱり、姫は、姫の人生を、ぼくらは、ぼくらの人生を生きるのがいいんでしょうね。

　　　　　　　　　　　　ジュール、アントナン、ゾエ、マエ（フランス）

テレビゲームを発明してくれた大人たちへ

　ぼくたちはテレビゲームがすきです。ぼくたちは戦闘機が出てくる戦争ゲームをつくってみたいと思っています。

　お父さんやお母さんはテレビゲームに反対です。子どもにはよくない、宿題が終わってからだ、大事なことをやってからだ。よくそういわれます。仕事を見つけるのにゲームはまったく役に立たないぞ。それなら庭で遊びなさい。大人はそういいます。画面ばかり見てるとバカになる、勉強しろ、健康に悪い、頭が痛くなる、目が悪くなるといいつづけます。

　しかし、ぼくたちは小さいころから画面に親しんでいるからなれっこだし、ぼくら世代の流行なんです。プレイしてレバーが振動しだすと、もうゲームの世界のまっただなかにループしているのです。

　発明してくれて本当にありがとう。これからもすばらしいゲームをつくってください。

　　　　　　　ジュスタン、ロレンゾ、トマ（フランス）

コンソールをはなさないプレーヤーくんへ

　プレーヤーくんは部屋の窓のシャッターまで閉め切って、最新テレビゲームに夢中です！窓の外は太陽がさんさんとかがやいて、鳥がさえずっているというのに……。
　ママがりんごのタルトを焼いていますよ。だいすきなんでしょと声をかけ、いい香りが伝わって、さすがにプレーヤーくんの心もときめきますが、それでもプレーヤーくんは部屋にこもったまま、モニターのなかでだれかが死ぬのをながめています。
　でもそんなのちゃんとした生活じゃないと思う。友だちもいないし、生きた命にふれていない。人生のとびらを閉めきっているのではないですか？
　人生は本当に短いのです。だから、おおいに人生を楽しみましょう。しあわせは長くはつづきません。ゲームにはまっていると人生のいちばんいい時間をムダに過ごしてしまいますよ。
　勇気を出してゲームの静止ボタンを押しましょう。そしてプレーヤーくんのリアルな人生のプレイボタンをプッシュしよう！

　　　　　　　　　　　　　　　　　　　　　　　　　　　　　ジュリー（フランス）

宇宙の犬 ライカちゃんへ

ライカちゃん、

　人間は人工衛星でライカちゃんを宇宙におくり出しました。星座展で写真を見ていらい、ライカちゃんや、宇宙飛行士のガガーリンさんやアームストロングさんのことをよく考えます。

　ぼくの町にあるプールの名前はユーリ・ガガーリン。最初に宇宙飛行をした人の名前がつけられています。母に聞いておぼえているのですが、アームストロングが世界で最初に月を歩いたのは、1961年のことでした。まるで見えない海を泳いでいるようだったそうです。

　わたしたちは太陽系に住んでいますが、そこから肉眼で見えるただひとつの銀河系がアンドロメダ銀河とよばれるM31。そこには、300万個をこえる太陽のような星があるそうです。

　宇宙はビッグバンからはじまりました。もちろんライカちゃんが生まれるずっと前のことです。ライカちゃんは、宇宙のどこかの惑星で歳をとらずにずっと生きつづけているのだろうなどと、ときどき考えてしまいます。

　ライカちゃんは宇宙で赤ちゃんをうみたいですか？　わたしたちの声は聞こえますか？　人間がいっていることについてどう思いますか？

メサウド、グレゴリ、ヨアン、アドリーヌ、ヴィルジニー（フランス）

わたしの犬オスロへ

オスロ、

オスロはどうしてにげだしたのですか？
家が気に入らなかったのですか？
オスロがいなくて、とてもさみしいです。
ママがとったオスロの写真を見るたびに、
わたしはつらくなります。
どうか帰ってきてくださいね。
希望をすてずに待っています。
オスロが帰りたいときにいつでも
帰ってきてください。
オスロは家族とおなじで、みんなが
だいすきです。
ある夜の夢です。家にいたオスロは
わたしの顔をなめてくれたのです。
オスロもわたしのことを忘れずに
いてください。
これからもずっと、わたしはオスロのことを
忘れません。

エステル（フランス）

「もしもわたしが
ねこだったら、
夢は犬になることだな」

ベルティーユ（フランス）

「たとえ10億ユーロもらっても、わたしは自分の犬を宇宙におくったりしないな」

スリーズ（フランス）

「犬って、自分の考えをことばにして伝えることができないよね。それって悲しいだろうなってときどき思うよ」

グウェン（フランス）

うちの庭にウンコをする犬たちへ

ワンチャンたち！
トイレがないから仕方がないのはわかるけど、うちの庭におしっこをしたり、ウンチするのはやめてほしいな。もっとマナーをまもってくれないかな。考えてみてよ。ぼくは毎日ワンチャンたちのフンを拾って掃除しなくちゃいけないんだよ。空き家に行くとか、しげみに身をかくすとかして、ウンコしてよ。
じゃ、よろしくね！

ヴィセンテ、オドアルド（チリ）

毛皮のコートを着ているご婦人たちへ

　これからお話するのは想像の国でおきた物語です。
　むかしむかし、あるところに毛皮のコートを3着も持っている美しいマダムがいました。ある日の晩、仕事を終えて家に帰り、眠りにつきました。ところがろうかで不思議なことがおきていました。なんと、白ネズミのメイシーちゃん[37]がコートハンガーをひっくりかえしてしまったのです。毛皮のコートが床に落ち、1枚目はオットセイに、2枚目はシロクマに、3枚目はキツネに姿を変えたのでした。

　物音で目がさめたマダムはバスルームにガウンを取りに行きました。そしたら、なんと、オットセイがバスタブをおよいでいるじゃありませんか！　びっくりしたのなんの！　台所に走って冷蔵庫をあけて、水を1ぱい飲んで落ち着こうとしました。そしたらなんと、氷のなかにシロクマの姿が見えたのです。庭に走ってにげたら、今度はなんと菊のしげみにキツネの鼻さきが出ていたのです。

　翌朝、3びきの動物は庭の小屋に集まりました。死ぬより生きてるほうがずっとしあわせです。3びきはマダムが持っている服を全部使ってぬいあわせて、家のまわりをグルっと取りかこみました。マダムはおそろしくて、もう二度と毛皮のコートは着ないとちかったんですって。
　わたしたちは5人とも女子ですが、毛皮のコートはぜったいに着ません。そのかわり、天然の皮ににせてつくられた合成生地のコートでおしゃれしたいです。

サンドリーヌ、レティシア、アナベル、
オードレイ、オレリイ（フランス）

「どうしてオオカミを殺すのですか？
羊をもっと遠いところに移してかえばいいのじゃないでしょうか？
牧場のさくをもっと高くしてもいいし、羊かいの人たちにもっとよく見張ってもらってもいいでしょう？
オオカミが悪いのではありません。ただ、おなかがすいているだけです。わたしたち、みんなとおなじなのです」

コンスタンス（フランス）

わたしのぬいぐるみたちへ

　みんなは、わたしのだいすきな友だちです。一度もわたしを困らせたことがないし、わたしを裏切ったことも、わたしの物をぬすんだこともありませんね。乱暴にあつかっても、笑顔でいてくれますよね。
　おじいちゃんに会いにニースまで長い時間ドライブしたことがありました。そのときもそばにいて、あいさつしなくてはいけない友だちがいないかどうか、いっしょにさがしてくれましたね。
　ある日、お兄ちゃんはわたしを泣かせようとして、クマのぬいぐるみは本物のクマの赤ちゃんを殺してつくられているんだよっていったんですよ。でもそんなの、まるっきりうそ！
　わたしはみんながだいすきです。

ルーシー（フランス）

---

[37] イギリスのアニメの主人公。

すぐに 暴力を ふるう あなたたちへ

　あなたたちって、女子をつきとばしたり、力こぶのついた太いうでで人をなぐったりするでしょ。それが、どんなに痛いことかわからないの！　それに、きたないことばで人をいじめることもしょっちゅうじゃない？

　どうして、そんなことばかりするのかしら？　どこまで赤ちゃんなの？　たたいたり、どなったり、それって、ことばを話せないガキがすることだよね！

　クラスメートはあなたたちにうんざりしているんだよ！

　そんなことばかりするより、本当の友だちになりたくない？　わたしたちの遊びもよかったら教えてあげるわよ。ね、いっしょに遊ぼうよ。

モルガーヌ、フェリシテ、ポール、ワリド、メリア（フランス）

学者や研究者のみなさんへのおねがい

ベリンダ：「わたしって、なんでみんなより勉強ができないんだろう？」

トマ：「ぼくって、どうして習ったこと、覚えられないのかな？　たぶん記憶力が悪いんだな。勉強してもすぐに忘れちゃうよ。どうしたらいいのかな？」

グレゴリー：「ぼくはね、文章を読むのが苦手なんだ。つぎの単語にたどりついても、前の単語を忘れちゃう。本当に困るし、つらいんだ。努力しているんだけどね。どうしてなのか、教えてください」

「ぼくはクラスでいちばんのチビです。スープをたくさん飲んでいるけど、効果がありません！　ハンドボールでもボールにさわったことがありません。なきたくなります。どうして大きくなれないのか、先生、教えてください」

ファニー：「わたしははっきりと発音できないから、発音を直してくれる先生のところに通っています。でも、なかなか、うまくなりません。ときどきバカにされて、いやになります。原因はなんなのでしょうか？」

ティフェーヌ：「オレはついつい友だちをなぐってしまうような悪いくせがあります。かっとすると手が出てしまい、自分をコントロールできないのです。自分で自分がいやになります。先生にも親にも、おこられてばかり。どうすればなおせるのでしょうか。

小さい子どもたちはオレをこわがるし、オレだっていやなんです。暴力をやめられない。そんな自分がおそろしくなります。先生、原因を教えてください、知りたいんです」

ティフェーヌとクラスみんな（フランス）

あんたは　落ち着きがないっていう　ママへ

ママ、

　落ち着きがない、勉強ができないっていうけど、からだをあまり動かさないからじゃないのかな。ぼくだって、いろんなスポーツをしてストレスを発散したいなぁ。

　水曜日は学校が終わるのが12時。ママが仕事でいないから、午後は家にひとりきりでしょ。それで、ソファにすわって2時から7時まで5時間もテレビばかり見ているんだ。これじゃ運動不足だし、ストレスがたまっちゃうよ。学校に行くと、家で勉強してきたみんなは10点満点をとったりするから、ぼくは頭にくるんだ。つい、バカなことをしてしまうんだ。

　だからね、ママ、ぼくをスケートクラブに行かせてくれないかな？スケートリンクがアルジャントゥイユにあるんだ！　学校で1回行ったことがあるんだよ。

　ぼくだって、勉強ができるようになりたいし、本も読みたい。ちこくもしないようにしたい。これからは宿題もちゃんとやるようにするつもりなんだ。……だいすきなママが喜んでくれるように。

ヴァンサン（フランス）

83

ガンを研究する先生へ

ぼくはアレクサンドルといいます。ぼくのママはガンにかかっています。

わたしはシルヴィです。パパとママがガンでした。どうしてガンという病気はなくならないのか教えてくれませんか。ペストのようにガンをこの世からなくしてくれませんか？ ガンにかかると、もう長く生きられないそうですね。親から聞きました。出血がひどいし、眠ったままの状態になったりするそうですね。ガンにかかった人はすごくつらいでしょうし、看病する人もとてもつかれてしまうでしょう。わたしのパパは髪がぬけて、かつらをつけました。

ママはロランドおじさんのおかげで、骨ずい移植[38]をしてもらいました。それでたすかりました。よかったです！ いま、ママは大豆をたくさん食べています。ガンにかかりにくくなるそうです。ママはガンがなおって笑顔でくらせるようになりました。

ガンを研究する先生たち、どうか1日も早くよい治療法を見つけてください。子どもたちが死のおそろしさにうなされて夜中やすごく早い朝に目を覚ましたりしないように。どうかよろしくおねがいします。

シルヴィ、アレクサンドル（フランス）

---

38 白血病など血液の病気の患者に、健康な人の骨髄液を分けあたえる治療法。

発明家のかたたちへ

ぼくたちは3人ともジュール・ゲスド小学校の生徒です。ぼくたちが発明したものがいくつかありますのでしょうかいします。

ルノーは、ハムスターをこわがらせる懐中電灯を発明しました。段ボールの筒、電球、針金、電池を使いました。家でねこと小鳥をかっていて、いまは、ねこが小鳥を食べようとするときビーッと鳴るアラームをつくっています。

フローラとセヴリーヌはちょっと変わったドリンクを発明しました。「なにもつくるものがないから実験してみよう」そうフローラがいって、フランスで人気のジュース、オランジーナを水とコカコーラ・ライトで割ったんです。味見してみるとなかなかいけました。いつか売り出して、みんなに飲んでほしいです。

メサウドとグレゴリーは、組立ておもちゃのメカノを使って、歩くロボットをつくりました。エミリーはお札製造機を発明して、両親にプレゼントしたいっていってます。グッド・アイディアかもしれません。技術が発達して必要なものをなんでもつくれるようになるといいですね。ぼくは、ぼくがママのおなかにいたとき、どんなふうだったのかを知りたいと思っています。ママはきっと幸せだったと思いますから……。

あたらしいものをつねに発明していくことは大事だと思います。だって、そのおかげでさまざまな問題が解決されていくのですから。

これからも発明をかさねていきましょう。

エルヴィス、カリム、
セバスチャン（フランス）

太陽光飛行機 ソーラー・インパルス 2号へ

あなたの翼は72メートルもあるそうですね。しかし、原始時代からやってきた巨大な鳥ではありません。太陽光エネルギーで動く未来の飛行機なのですね。

石油を使わずに翼がキャッチする太陽光だけで飛ぶのですから、騒音はほとんどないし、環境汚染の心配もないそうですね！

世界一周飛行をぜひ成功させてください。

エンジニアのかたにおねがいがあります。太陽光エネルギーで走るTGV（新幹線）もつくってください。それと、もしできたら、ペダルをふまなくても走る太陽光自転車も……。ソーラー・インパルス2号の翼よりずっと小さい翼ですむと思います。よろしくおねがいします！

カルラ（カナダ、ケベック州）

ぼくの犬のように
やさしくなった
未来の人間たちへ

みなさん、こんにちは。

　1,000年後に、人間がみんなぼくの犬みたいにやさしくなれたら、地球はあらそいごとがない調和にみちた星になるのではないでしょうか。

　ぼくの犬にはもちろん歯がありますが、けっして人をかみません。もし、人間みんながぼくの犬のようになれたら、世界は平和になるでしょう。ぼくの犬がぼくを信頼してくれるように、人間みんなが信頼しあえたら、この地球は友情の星になるでしょう。

　　　　　　　　　　　　ネモ（フランス）

長い人類の歴史を
生きてきた人たちへ

　最初の1,000年は時間がゆっくりと流れていきました。原始時代から中世までです。

　つぎの1,000年になると、時間はもっとはやく流れました。はじめのころの時代はお城を、つづく後半の時代には鉄筋コンクリートやガラスのビルや工場をたてました。

　そのつぎの1,000年は、ぼくが生まれた年にはじまりました。だからよく知っています。前の時代よりさらにはやくいろいろなことがおこっています。これからもいろいろなできごとがおこるのでしょうか？

　いいですよね。さまざまなことがおきれば、ぼくたちの人生はより多くの経験をつむことができます。これまでよりもずっと、長く生きたって思えるようになりますから。

　これまでの時代を生きてきたすべての人たちにカンパイ！

　　　　　　　　　ナイク（ニューカレドニア島）

「自転車をこいでいると、
なんだか未来に向かってペダルを
ふんでいるような気になるから、
不思議だな。
だからスピードを落として
ちょっとゆっくりこいじゃうんだ」

　　　　　　　　　　　ウィリー（フランス）

未来へ

未来さん、こんにちは。

　わたしの将来はどんなふうになるのでしょうか？　わたしはどんなことをすきになるでしょうか？　どこではたらき、どんな町に住んでいるでしょうか？

　美人になっているかなぁ？　恋人はいるかなぁ？　子どもは生まれているでしょうか？女の子かな、男の子かな？

　わたしの将来がどうなっているかは、未来さん、あなただけが知っているのですね。

　では、地球はどうなるのでしょうか？　まずしい人や病気の人はいまとおなじくらいたくさんいるのでしょうか？

　有害な物質のない食事ができるようになっていますか？

　公害のない空気のきれいな町を散歩できるようになっていますか？

　答えが出ない問いばかりを自分にしているのではないかと、心配していますが……。

　わたしの未来はまだわかりません。わたしの質問に、未来さん、あなたがいずれ答えを出してくれるのを、いまからたのしみにまっています。

　　　　　　　　　　　　アリーヌ（フランス）

日文訳出：Babel Corporation
　　　　　藤田知子（ふじた・ともこ）
日本語版デザイン：ニコリデザイン／小林健三

Crédits photographiques :
Page 3 : Danilo Balaban / Unicef
Page 12 : KO
Page 19 : David Trood / Bilderberg / AFP
Page 24 : Frank May / Picture-Alliance / AFP
Page 45: Kinzie Riehm / Image source / AFP
Page 48 : Stephan Zaubitzer
Page 72 : Noak
Page 80 : François Gilson / Biosphoto / AFP

本書『地球の子どもたちから、大人たちへの手紙』は、フランスとアジアやアフリカなどの国々の小・中学校で開かれたライティング・ワークショップで書かれたものです。
この絵本を買うことによって、ユニセフ（国際連合児童基金）を支援することができます。

地球の子どもたちから、大人たちへの手紙

2017 年 11 月 30 日　初版第 1 刷発行

構成・編　　アラン・セール
イラスト　　ローラン・コルヴェジエ
発行者　　　圖師尚幸
発行所　　　株式会社六耀社
　　　　　　東京都江東区新木場 2-2-1 〒 136-0082
　　　　　　電話 03-5569-5491（代）FAX03-5569-5824
印刷所　　　シナノ書籍印刷株式会社

NDC816 ／ 88P ／ 295 × 200 ㎜／ ISBN978-4-89737-965-4 C8036
©2017 Printed in Japan

本書の無断転載・複写は、著作権法上で認められる例外利用を除き、禁じられています。
落丁・乱丁本は、送料小社負担でお取り替えいたします。